文史哲學集成

北宋中期以後之官制改革

張復華 著

文史哲出版社 印行

國立中央圖書館出版品預行編目資料

北宋中期以後之官制改革／張復華著. -- 初版
. -- 臺北市 : 文史哲, 民８０
面 ; 公分. -- (文史哲學集成 ; 246)
參考書目:面
ISBN 957-547-087-7(平裝)

1. 人事制度 - 中國 - 北宋(960-1126)

573.4151　　80004280

文史哲學集成 ㉔⑥

北宋中期以後之官制改革

著者：張復華
出版者：文史哲出版社
登記證字號：行政院新聞局局版臺業字〇七五五號
發行所：文史哲出版社
印刷者：文史哲出版社
台北市羅斯福路一段七十二巷四號
郵撥〇五一二八八一二彭正雄帳戶
電話：三五一一〇二八
實價新台幣四二〇元
中華民國八十年十一月初版

ISBN 957-547-087-7

序

在政治學的領域中，政治制度之研究不僅歷史悠久，而且始終是學者們注視的焦點之一。以言中國政治制度之研究，通常可分爲兩大範疇，一是當代政治制度，二是傳統政治制度。當代政制影響吾人之生活，自然值得重視與關切。傳統政制雖與現代人生活無直接關係，卻有其不容忽視的歷史價值。所謂「鑑往知來」，了解傳統政制的利弊得失，當更易於掌握當代政制的未來發展方向。個人以傳統政制爲主要研究領域，基本原因即在於此。

六、七年前個人在撰寫博士論文「北宋諫官制度之研究」過程中，便察覺神宗朝的官制改革（學者通稱之「元豐改制」）實爲北宋政制演變的重要里程碑，蓋北宋政制自此以後呈現出與往昔大不相同的風貌，值得深入探討，卻鮮見相關之論述。職是之故，四年前個人開始針對此一問題進行研究，隨即發現哲、徽、欽三朝的官制改革與「元豐改制」環環相扣，欲明晰北宋政制的嬗遞演變情況，此三朝官制改革之原因、內容等亦不可不知。於是在「元豐改制」研究告一段落後，再對哲、徽、欽三朝之官制改革依序探討之。爲免見樹不見林之缺憾，最後更將神、哲、徽、欽四朝之官制改革合而觀之，以發掘共同之特徵，分析相互之關係，檢討整體之影響。本書即是個人四年來對上述諸問題尋求解答的一個結果。由於神、哲、徽、欽四朝之官制改革，始於北宋中期，終於北宋末年，故本書以「北宋中期以後之官制改革」爲名，其要旨分述如下：

導論。說明本書的研究動機、史料與方法。

第一章神宗朝之官制改革——「元豐改制」。北宋政制在神宗元豐三年以前呈現相當紊亂之現象。一則職官名實不符：有名者無其實，有實者無其名，如諫議大夫無言責，他官知諫院者反以補闕拾遺爲責。二則三省名存實亡：中書、門下不負擬定、審查詔令之責，尙書廢爲閒所。對此現象神宗早有改革之心，雖於熙寧時代進行小規模的改革，但主要係因應變法之需要。直至元豐三年始展開大規模的改制工作——即「元豐改制」是也。改制工作分兩部分：先是「正官名」，亦即以階易官，省、臺、寺、監領空名者一切罷去，而代之以寄祿官二十五階。從此中央文官名實不符現象因此而消除。唯因寄祿官階數太少，遷轉不考慮流品，造成敍遷太易、淸濁並進的不合理現象。其次是「新官制」，亦即效法唐六典制度，建立一個以三省、六部、九寺、五監、秘書省、御史臺爲架構的中央政府。然其弊所及則是中書專權、重複置官以及行政效率之低落。本章刊載於中央研究院三民主義研究所專題選刊第八十四本。

第二章哲宗朝之官制改革。哲宗朝之官制改革可以分爲兩個時期：元祐與紹聖、元符，元祐爲「元豐官制」的修改時代，紹聖、元符爲「元豐官制」的恢復時代。在短暫十餘年之光陰中，政治制度所以會發生兩次截然不同之變革，固然與制度本身的缺陷有關，然而臣僚之角逐權力，君主之好惡趨向，尤其具有決定性之影響。抑有進者，元祐時代依舊制以修改元豐制度，已不能原原本本地回復舊觀。紹聖、元符時代力改元祐制度，亦無法令「元豐官制」完整地重現。蓋元祐大臣雖法舊制，卻無意動搖神宗倣唐六典所親自締造三省、六部、御史臺、秘書省、九寺、五監之政治組織。紹聖、元符大臣雖主新制，然於主、客觀因素之限制下，「紹述」終究有其限度。本章刊載於國立政治大學學報第六十一期，並獲得行政院國家科學委員會七十八學年度之研究獎助。

第三章徽宗朝之官制改革。徽宗以青年之齡入承大統，雖樹「建中靖國」之號，然於熙、豐政事實心嚮往之，故一旦改元「崇寧」，「紹述」之事接踵而至。「紹述」之對象有二：一是熙寧新法，二是元豐新制。爲了繼述元豐制度，大規模之官制改革於焉開展。歷經二十餘載之努力，不僅將已遭變更的元豐制度陸續復原，且將神宗未及更革的制度一一建立，甚而在「紹述」之旗幟下，創立了大量前所未有的制度。這種種改革，將趙宋官制大幅翻新，其於實際政治之影響頗爲深遠。蓋官制改革除予蔡京個人長期壟斷政權之憑藉外，更造成宦官勢張、名器浮濫等現象。是則徽宗朝腐敗政治之形成，官制改革要不失爲一關鍵因素。本章刊載於中央研究院中山人文社會科學研究所「人文及社會科學集刊」第三卷第一期。

第四章欽宗朝之官制改革。欽宗爲北宋最後一位君主，即位伊始，金兵已開始大舉南侵。爲救亡圖存，政制不能不有所改更。由於時值非常，故政尚權宜，政制改革之內容已不再囿於恢復祖宗舊制與元豐官制之範疇。受到客觀環境之限制，欽宗朝官制改革不唯不能消除徽宗朝所遺留之腐化政治，更無法挽救社稷之淪亡。

第五章結論。綜合前三章所述，發現神、哲、徽三朝之官制改革實具有鬥爭性、不完全性與政策與政制合一性三項特徵。其次，分析歷次官制改革之關係，則「元豐改制」之關鍵性地位顯而易見。蓋「元豐改制」除激起元祐時代政制復舊運動外，更是紹聖、元符時代，徽、欽二宗力圖恢復或擴大的對象。再次，值得注意者乃是歷次官制改革的影響。官制改革除了消除以往職官名實不符的現象外，也帶來了行政效率低落、影響政治穩定以及導致政治腐化這三項流弊。

本書第一、二、三章於發表前皆曾蒙審查先生提供卓見，謹此致謝。文章千古事，得失寸心知。個人才疏學淺，思慮不週之處，在所難免，尚祈　博雅君子，惠予賜正。

北宋中期以後之官制改革　目次

第三章　徽宗朝之官制改革

導論

清儒嚴幾道嘗言：「…古人好讀前四史，亦以其文字耳。若研究人心政俗之變，則趙宋一代歷史，最宜究心。中國所以成爲今日現象者，爲善爲惡，姑不具論，而爲宋人之所造就，什八九可斷言也。」（註一）是則宋史之研究有其不可忽視的價值。由於政制史本是斷代史中重要的一環，宋代政制史之探討遂成爲治政制史者極重要之課題。唯宋代政制素稱繁雜，加之以史料浩瀚，常令研究者感覺困難。吾人相信宋代政制史之所以繁雜難治，神宗以降（特別是神、哲、徽三朝）政制更迭頻仍當爲一根本因素。蓋宋初政制繁雜則繁雜矣，若無神宗以降歷次之官制改革，（註二）終究不難分析理解。職是之故，欲認識宋代政制的全般形貌，欲掌握宋代政制之嬗遞演變，探討神宗以降歷次官制改革不失爲一可行之途徑。關於神宗以降歷次官制改革，學者似乏專文討論之，吾人基於興趣以此爲研究焦點，期能彌補闕漏於萬一。

由於神、哲、徽三朝之官制改革時代背景相似、改革幅度較大，自是本文的研究重點。至於欽宗朝之官制改革既不具備上述之特性，當然不是研究之重點所在。惟其與前此之改制時間上相連接且彼此關係難於截然劃分，亦有其專門研究之價值。是故本文的研究對象爲神、哲、徽、欽四朝之官制改革，涵蓋的時間範圍則始於北宋中期（神宗即位），終於北宋晚期（欽宗失國），而以「北宋中期以後之官制改革」爲名。

歷史學者研究歷史問題，最重視第一手史料的價值。吾人研究「北宋中期以後之官制改革」，亦儘可能由第一手史料中擷取資料。然宋史資料堪稱宏富，故於選擇上不能不有主從之分。其中續資治通鑑長編，宋史與宋會要輯稿的職官部分，尤爲本文之主要取材對象。雖然續資治通鑑長編於此一時期之史實軼失者不少，但該書之紀事本末、九朝編年備要、皇宋十朝綱要、靖康要錄四書適可彌補闕漏。至於其他較常參考之資料包括群書考索、古今合璧事類備要、石林燕語、容齋隨筆、建炎以來朝野雜記、文獻通考、宋大詔令集、宋宰輔編年錄、宋朝事實、宋名臣奏議等。除此之外，值得參考之史料與相關資料頗多，不必一一列舉，已可大体了解本文的取材方向。

最後必須說明者爲本文之研究方法。吾人採用的方法有二：一是制度研究法，亦即以各種政治制度爲研究對象，來了解政治現象的方法。二是歷史研究法，即運用歷史資料和方法來敘述政治制度的建立與發展，說明與解釋其各部分的關係以及與其他制度間的關係，並從政治制度過去的歷史推測其未來發展。（註三）質言之，這兩種研究法實相互爲用，亦即運用歷史學之歸納、比較、綜合、分析四種方法，（註四）以研究政治制度，了解政治現象，更進而提出政治現象之解釋。

【附註】

註　一：嚴復，「嚴幾道與熊純如書札節鈔」，學衡第十三期（台北：台灣學生書局，民國六十年景印初版）：頁一七九〇。

註　二：本書中「政制」與「官制」義同，皆指政治制度而言。所謂「改革」意指一切依據法令之政制上的變更而言。

註　三：王雲五主編，雲五社會科學大辭典（台北：台灣商務印書館，民國六十年初版），第三冊：政治學，羅志淵編，頁一四六、三八九。

註　四：這四種方法的意義、運用，請參閱杜維運，史學方法論（台北：華世出版社，民國七十年四版），頁六五—一三〇。

第一章　神宗朝之官制改革——「元豐改制」

宋神宗（西元一〇四八—一〇八五年）是有宋一代極有作爲的君主，他痛於國勢積弱不振，重用王安石實施變法；他憤於夷狄侵擾中華，毅然用兵西夏；他感於政治制度之紊亂，慨然予以革新。這位即位之時年僅二十的青年君主，在他統御的十八年時間中，帶給當時社會的衝擊是巨大的，對於往後社會的影響是深遠的。職是之故，神宗的所作所爲一直是研究宋代歷史之學者最感興趣題材之一。身爲一政治制度史之研究者，吾人毋寧對第三個問題—政治制度之革新感覺興趣。神宗對政治制度之革新，雖非始於元豐（後詳），但以元豐年間的變更規模最大，至元豐六年已大抵完成，故學者通稱之爲「元豐改制」。以下將分元豐改制之原因，元豐改制之經過、元豐改制之檢討與結語四部份論述之。

第一節　元豐改制之原因

一、紊亂的政治制度

關於元豐以前政治制度紊亂的情況及其影響，宋史職官志所述甚詳：

宋承唐制，抑又甚焉。三師、三公不常置，宰相不專任三省長官，尚書、門下並列于外，又別置中書禁中，是爲政事堂，與樞密對掌大政。天下財賦，內庭諸司，中外筦庫，悉隸三司。中書但掌冊文、覆奏、考帳；門下省主乘輿八寶，朝會板位，流外考較，諸司附奏挾名而已。臺、省、寺、監，官無定員，無專職，悉皆出入分涖庶務。故三省、六曹、二十四司，類以他官主判，雖有正官，非別敕不治本司事，事之所寄，十亡二三。故中書令、侍中、尚書令不預朝政，侍郎、給事不領省職，諫議無言責，起居不記注；中書常闕舍人，門下罕除常侍，司諫、正言非特旨供職亦不任諫諍。至於僕射、尚書、丞、郎、員外，居其官不知其職者，十常八九。其官人受授之別，則有官、有職、有差遣。官以寓祿秩、敘位著，職以待文學之選，而別爲差遣以治內外之事。其次又有階、有勳、有爵。故仕人以登台閣、升禁從爲顯宦，而不以官之遲速爲榮滯；以差遣要劇爲貴途，而不以階、勳、爵邑有無爲輕重。時人語曰：「寧登瀛，不爲卿；寧抱槧，不爲監。」虛名不足以砥礪天下若此。外官，則懲五代藩鎮專恣，頗用文臣知州，復設通判以貳之。階官未行之先，州縣守令，多帶中朝職事官外補⋯⋯。（註一）

此外，神宗時李清臣亦曾極言宋元豐以前官制之弊，彼謂：

本朝官制踵襲前代陳迹，不究其實，與經舛戾，與古不合。官與職不相準，差遣與官、職又不相準，其階、勳、爵、食邑、實封、章服、品秩、俸給、班位，各爲輕重後先，皆不相準。（註二）

這種紊亂的官制表現在實際現象上，最顯著的一個特徵即是名實不符，蓋有其官者未必有其職，有其職者又未必有其官。以諫官爲例，司諫、正言若非特旨供職並不任諫諍，而實任諫諍之責者，類以他官知其事。諫官如此，他官亦鮮有例外。由於此一弊端，「故自眞宗、仁宗以來，議者多以正名爲請。」（註三）神宗改革官制的兩大中心工作之一—正官名，即在消除名實不符之現象。元豐以前紊亂官制的另一特徵，厥爲三省制的隳壞，蓋中書省不負擬定詔令之責，門下省不負審查詔令之責，尙書省不負執行詔令之責。由於「尙書省天下之大有司，而廢爲閑所」，（註四）因此主張恢復尙書二十四司制度者屢見不鮮。元豐改制的第二項中心工作—新官制，即以恢復三省制爲基本。

然而元豐以前政治制度雖然紊亂，卻是亂中有序。儘管名實不符，一般職官卻無人不知自身職責所在，無人不曉一己俸入多少與班位前後。蓋官、職、差遣雖離而爲三，但有官即有「寓祿秩、敘位著」之標準，有差遣即有實際擔負之工作。至於職，既是君主「待文學之選」的寵名，自無必得之理，其高下亦難與官、差遣相準。抑有進者，階、勳、爵、實封等，除階尙有「敘服色粗繫輕重」之作用外，其餘皆是虛名。（註五）雖各爲輕重後先，互不相準，亦無損於治體。誠然三省制度已隳壞，三省固有之職掌卻不曾消逝，僅僅是由其他機關代掌（或全部，或部分）而已。如此，國家政務之推行乃不受機關職掌變更之影響。綜上所述，吾人發現元豐以前紊亂的政治制度，固曾提供主張改革者以有力之理由，卻未必影響政府之統治工作。

二、政制紊亂的原因

元豐以前政治制度紊亂，其原因固不止於一端，以下分別說明之：

㈠承襲前代制度之結果：

前代（唐與五代）的重要制度為宋所承襲者有三：一是樞密院，二是三司，三是官、職、差遣制。樞密院掌軍國機要，三司掌邦國財政。影響所及，宰相以下眾多官司職掌，或為所分，或為所奪。這些官司職掌既受到分割、侵奪，其屬官遂無務可掌，或僅處理一些剩餘乃至於其他不重要的工作。在前一情況下，「官」便成為「寓祿秩、敘位著」之標準；在後一情況下，便不除正官，而僅由他官判其事。

另一方面，唐中葉以後國家多事，君主臨事差官處理，時間一久，次數一多，臨時性的差遣反而重於本職，甚而放棄本職，專以差遣為務。雖曰「宋朝庶官之外，別加職名，所以厲行義、文學之士」，（註六）庶官加職之制初不始於宋，且中唐以後，官、職、差遣便已離而為三。（註七）由於宋承襲了前代這三項制度，官制紊亂遂成為不可避免的結果。

㈡宋初君主運用之結果：

元豐以前紊亂的官制亦可於宋初尋獲根源，宋史職官志謂：

宋初，台、省、寺、監官猶多涖本司，亦各有員額、資考之制⋯（太祖）建隆二年（九六一）⋯廢歲滿敘遷之典。是後（中朝官）多掌事于外，諸司互以他官領之，雖有正官，非別受詔亦不領本司之務。又官有其名而不除者甚眾，皆無定員無月限，不計資品，任官者但常食其奉而已。（註八）

按宋主以中朝官赴外掌事，其著眼點當在矯治五代藩鎮專恣之弊。然而牽一髮而動全身，原有之正官既出外掌事，所遺留之職務，便不得不以他官領其事。等到正官歸朝，除非再受詔旨，否則不領本司之務，蓋已有他官領其事。由於樞密院與三司侵奪了一些機關的職掌，這些機關在無務可掌的情況下已無所謂編制可言，通常亦不除吏員；即使有所除，這些人不僅沒有任期，而且任官期間不算作一己之經歷，平日除朝參外，但食其俸祿而已。由是可見，紊亂官制的副產品是造成冗員充斥朝廷。

吾人必須再加說明的是，上述的各項原因固然導致了紊亂的官制，事實上這些原因彼此之間原本具有交互影響的關係。現將這種種關係試繪如下：

圖一：元豐以前官制紊亂原因分析圖

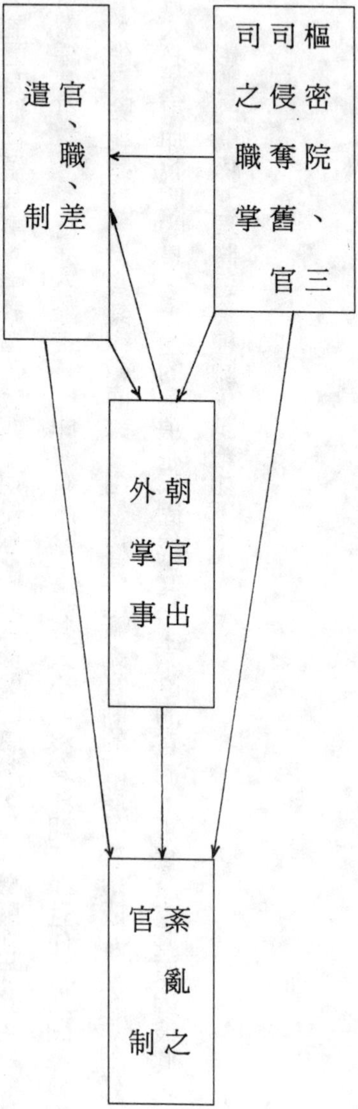

三、改革的意見

太祖之世，兵馬倥偬，實無暇顧及政制改革之問題。太宗以降，國家日趨安定，改革之議幾無時不有之。例如太宗朝之田錫、羅處約、王化基，(註九)眞宗朝之楊礪、楊億，仁宗朝之吳育、劉敞，(註一〇)神宗朝之李清臣，皆曾提出改革的意見。其中楊億的意見最具代表性，值得參考，史載：

咸平四年(一〇〇一)，左司諫、知制誥楊億上疏曰：「國家遵舊制，並建群司，然徒有其名，不舉其職。只如尚書會府，上法文昌，治本是資，政典攸出，條目皆具，可舉而行。今之存者，但吏部銓擬，秩曹詳覆。自餘租庸筦榷，由別使以總領；尺籍伍符，非本司所校定。職守雖在，或事有所分；綱領雖存，或政非自出。丞轄之名空設而無違可糾，端揆之任雖重而無務可親。周之六官，於是廢矣。且如寺、監素司於掌執，台、閣咸著於規程，昭然軌儀，布在方冊。國家慮銓擬之不允，故置審官之司；憂議讞之或濫，故設審刑之署；恐命令之或失，故建封駁之局。臣以爲在於紀綱植立，不在於琴瑟更張。若辨論官材歸於相府，即審官之司可廢矣；詳評刑辟屬於司寇，即審刑之署可去矣；出納詔命關於給事中，即封駁之局可罷矣。至於尙書二十四司各揚其職，寺、監、台、閣悉復其舊，按六典之法度，振百官之遺墜，在我而已，夫豈爲難。如此則朝廷益尊，堂陛益嚴，品流日清，端拱而天下治者，由茲道也……。」論者嘉之，然以因襲既久，難於驟革。（註十一）

歸納而言，議者的主張可分三個層次。第一個層次主張恢復尙書二十四司制度，羅處約、王化基屬之。第二個層次主張恢復省、台、寺、監制度，規模已大於前者，前引楊億即屬之。只要恢復省、台、寺、監制度，百官實領職事，亦即正名之根本方法。第三個層次，主張釐正整個官制，規模最大，李淸臣即屬之。（註十二）值得注意者，依據唐六典釐正官制，爲另一多數人之意見。此無他故，唐去宋未遠，唐六典又是李唐官制之第一手資料，自然成爲宋人急欲仿效之對象。這種種意見，對於往後神宗改革官制應有相當之影響。

議者既屢有所請，何以官制改革遲遲未見諸行動？原因似有兩端，其一乃是現有之制度「因襲既久，難於驟革」。「蓋人者可與習常，難與適變，可與樂成，難與慮始」。（註十三）其二乃是古今異制，今之三司雖當古之尙書省，然彼此作用絕不相侔，欲以古變今，勢必與趙宋「集權中央」的立國精神背道而馳。大中祥符九年（一〇一六），由於言事者屢請復二十四司之制，特別是楊礪嘗言：「行之不難，但以郎官、諸司使同領一職，則漸可改作。」眞宗遂與宰相論及尙書省制，王旦特澄明此一問題曰：

……唐朝諸司所領，惟京邑內外耳，諸道兵賦各歸藩鎮，非南宮一郎中、員外所能制也。朝廷所得三分之一，名曰上供，其他留州、留使之名，皆藩臣所有。今之三司即尙書省，故事盡在，但一毫所賦皆歸於縣官而仰給焉，故蠲放則澤及下，予賜則恩歸上，此聖朝不易之制也。（註十四）

由上引文可見，宋之三司雖是破壞尙書省制的罪魁禍首，卻是集權中央的利器，宋主之憚於改制，又豈是因循二字所能盡釋。

第二節　元豐改制之經過

關於元豐改制的來龍去脈，宋會要輯稿引神宗正史職官志曰：

國朝建官沿襲五代，太祖、太宗監藩鎮之弊，乃以尙書郎曹、卿等官出領外寄，三歲一易，坐銷外重分列之勢，故累朝因仍無所改革，百有餘年，官寖失實…神宗初即位，慨然欲更張之，謂中書政事之本，首開制置中書條例司，設五房檢正官，以清中書之務。又置制置三司條例司，以理天下之財。置諸路提舉常平、廣惠、農田水利差役官隸於司農，以修農政。簡樞密武選，而置審官西院。創民兵保甲法，以歸兵部。作軍器監，以除戎器。新大理寺，以省滯獄。增國子監太學官，以大興庠序。復將作監，以董百工。十數年之間，自國子、太學、司農、兵部、軍器、大理、將作，各已略循古制備置官屬，使修其職業。於是法度明、庠序興、農政修、武備飭、刑獄淸、械器利，亹亹乎董正治官之實舉矣，然名未正也。熙寧末，上欲正官名，始命館閣校唐六典。元豐三年，以摹本賜群臣，遂下詔命官置局，以議制作。上自考求故實，間下手詔，或親臨決，以定其論。凡百司庶務，皆以類別所分之職、所總之務。自位敘名分、憲令版圖、文移案牘、訟訴期會、總領循行、舉名鉤考，有革有因，有損有益，有舉諸此而施諸彼，有捨諸彼而受諸此，有當警於官，有當布於眾者。自一事以上本末次第，各區處而科條之，而察官府之治。有正而治之者，有旁而治之者，有統而治之者。省、曹、寺、監以長治屬，正而治之者也，故其爲法詳。御史非其長，而以察爲官，旁而治之者也，故其爲法略。都省無所不總，統而治之者也，故其法當考其成。於是長吏察月，御史察季，都省察歲。五年，三省、六曹、御史台、秘書省、九寺、五監之法成，即宮城之西以營新省。省成，上親臨幸，召問以執事而訓戒之，省官遷秩有差。自是纔有增損，唯倉庫百司及武臣、外官未暇釐正云。（註

十五）

爲便於閱覽神宗改革官制之經過，吾人特依據時間先後，製成「宋神宗官制改革大事記」（附錄一）。由上引文及大事記，可以獲知：一、神宗即位之初，便有改革官制之意，並且付之於行動。故神宗朝之官制改革不僅早在熙寧年間（一〇六八—一〇七七）便已著手，甚至可說遠在治平四年（一〇六七）即已揭開序幕。二、元豐年間的官制改革是以唐六典爲模範，而神宗本人更親自參與官制改革之擘畫。三、倉庫百司（似指殿中省，後詳）及武臣、外官是神宗官制改革所未能及時更正的部分。雖然神宗改革官制可上溯到治平四年，但是正式的改制工作應自元豐三年（一〇八〇）開始，因爲是年六月詔中書置局詳定官制，從此才有大規模、有計畫之整體性改制。基於此，吾人似可將元豐改制經過分成兩個階段：從治平四年到元豐元年爲非正式改制階段，從元豐三年到六年爲正式改制階段。毫無疑問，吾人是以第二階段爲研討之重點，以下即分別探討這兩個階段。

一、非正式改制階段：治平四年六月至元豐元年十二月

此階段的工作可以歸納爲以下三類：

㈠**機關職掌之調整**：又可分爲兩個方面：

1.清中書、樞密院之務：改制之前，朝廷有二中書：其一在朝堂之西，榜曰「中書」，是爲宰相治事之所，印文行敕曰「中書門下」；其二稱中書省，與門下省列於皇城外兩廡，（註十六）俱爲有名

無實之機關。此處所謂中書即指前者而言。由於三省，尤其是尙書省，名存實亡，許多原本屬於有司之事，竟成爲宰、執工作之一部分。神宗有鑑於此，即位伊始（治平四年六月），即「詔令中書、樞密院應細務合歸有司者，逐旋條陳取旨。」（註十七）爲使清理中書事務之工作能有效進行，設立專司機構殊有必要。於是熙寧二年（一〇六九）九月十六日，遂有「看詳編修中書條例所」之設置，此一機構又稱「制置中書條例司」、「編修中書條例司」。（註十八）爲糾正省務，（註十九）次年九月一日，又有檢正官之設。（註二十）八年十月二十二日，由於中書細務已多歸有司，遂罷編修中書條例司。（註二一）舊制，武職陞朝以上之除授由樞密院掌之，是以三公府而親有司之事。故熙寧三年五月二十八日，置審官西院，專領陞朝武臣之磨勘、差遣。（註二二）

2.賦舊官署以新職掌：神宗以前，不僅三省名存實亡，九寺、五監亦多有名而無實。如將作監「凡土木工匠之政、京都繕修隸三司修造案；本監但掌祠祀供省牲牌、鎭石、炷香、盥手、焚版幣之事」、軍器監「國初，戎器之職領于三司胄案，官無專職」、大理寺「不復聽訊，但掌斷天下奏獄，送審刑院詳訖，同署以上于朝」（註二三）至熙寧初，「以嘉慶院爲（將作）監，其官屬職事，稽用舊典」；三年五月，「以常平新法付司農寺…而農田水利、免役、保甲等法，悉自司農講行」；六年（六月），「廢胄案，乃按唐令置（軍器）監」。（註二四）八年九月，以諸路教閱保甲隸兵部。（註二五）元豐元年十二月，大理寺恢復治獄。（註二六）

非正式改制階段之所以調整機關職掌，主要著眼點似不在改革官制，而在於適應實際的需要。在這段期間，朝廷的首要課題是變法以富國强兵。爲使宰執能全心全力規劃、推動各項有關措施，自必須免除原先那些瑣碎的工作。農爲國本，欲富國，必先富農。凡常平新法、農田水利、免役等法皆以富農爲目標，欲其有效推行，以一機關專司其事殊不可少。司農寺本以利農爲職，自然成爲這些新法的主管機關。以軍器監專司戎器之製造，以保甲隸兵部，正有著同樣的理由。而大理寺之治獄，完全是補救當時京師獄事稽滯之弊。（註二七）

㈡**整理財政**：熙寧二年二月二十七日，設「制置三司條例司」以爲專責機關。次年五月十五日，因大端已舉，遂罷歸中書。（註二八）

㈢**校唐六典**：如前所述，依據唐六典釐正官制，一直是多數主張改制者的意見。而神宗喜觀唐六典，（註二九）未嘗不是受到這些意見的影響。神宗即位之初便有心改革政制，何以「熙寧末，始命館閣校唐六典」（註三〇）？蓋此時新法已漸上軌道，已有餘暇施展往日之抱負。

二、正式改制階段：元豐三年六月十五日至六年十月二十八日

此階段的工作可以分爲三類：

㈠**詳定官制**：熙寧末，校對唐六典的工作，到了元豐三年似已完成，故神宗特「以摹本賜群臣」（註三一）。從此遂展開了史家所稱之「元豐改制」。吾人將元豐改制分爲兩大部分：一爲正官名，二爲新官制（正、新二字皆作動詞用）。在探討這兩大主題前，不可不述及元豐改制的策劃機關──詳定

官制所。關於詳定官制所的創立經過，宋會要輯稿載：

神宗元豐三年六月十五日，詔中書置局詳定官制，命翰林學士張璪、樞密副都承旨張誠一領之，祠部員外郎王陟臣、光祿寺丞李德芻檢討文字，應詳定官名、制度並中書進呈。（註三二）

往後人員續有增加：同年七月六日，著作佐郎、秘閣校理何洵直兼檢討文字；三年九月二日，翰林學士蒲宗孟、知制誥李清臣兼詳定官制，檢正中書戶房公事畢仲衍、檢正中書禮房公事王震並兼檢討文字；四年七月二十三日，權判吏部、集賢院學士蘇頌同詳定官制；五年五月三日，御史中丞徐禧同詳定官制；同年七月二十一日，通直郎、守考功員外郎蔡京爲起居郎同詳定官制。（註三三）由上可知詳定官制所屬官有兩類：詳定官制，由較高職官充任；檢討文字，由較低職官充任。是否前者從事原則之確立，後者從事法條之擬定？未見有關之記載。然而詳定官制所專司政府各機關組織條例、辦事規制之擬定，應無疑問。

元豐五年九月二十三日，由於改制工作已大體就緒，朝廷遂下詔罷詳定官制所，所有未了事項限十日內結束，擬議中的六曹等條貫送至詳定重修編敕所修定，官吏請給亦隨之而罷。爲使修定六曹等條貫的工作具連續性，朝廷又於同年十月十二日，於詳定官制所的原屬官中選差六人爲刪定官。十二月十三日，朝廷爲酬謝詳定官制所的工作人員，特予以遷官、賜絹、減磨勘年限等獎勵。（註三四）

(二)**正官名**：詳定官制所設立後三個月，即元豐三年八月十五日，神宗正式下達「改官制詔」曰：

朕嘉成周以事建官，以爵制祿，小大祥〔詳〕要，莫不有敘，分職率屬，萬事條理，監於二代，爲備且隆。逮于末流，道與時隆〔降〕，因致駁雜，無法取焉。惟是宇文造周，旁資碩輔，準古創制，義爲可觀。國家受命百年，四海承德，豈茲官政，尙愧前聞。今將推本制作董正之原，若稽祖述憲章之意，參酌損益，趨時之宜，使台、省、寺、監之官，實典職事，領空名者一切罷去，而易之以階，因以制祿，凡厥恩數，委〔悉〕如舊章。不惟朝廷可以循名考正萬事，且使卿士大夫莅官居職，知所責任，而不失寵祿之實，豈不善歟。其合行事件，中書門下可條具聞奏，故茲詔示，想宜知悉。（註三五）

觀此詔文，吾人願意再做三點說明：一、神宗改革官制固以唐六典爲典範，然其理想卻是北周六官之制。（註三六）二、改官制之基本原則有二：其一，「使台、省、寺、監之官，實典職事」，即吾人所謂之「新官制」；其二，「領空名者一切罷去，而易之以階，因以制祿」，即所謂之「正官名」。三、三個月以前詔中書置局詳定官制，本詔又令中書門下奏聞合行事件，似證明詳定官制所爲中書之屬官，如有所陳須透過中書以上達。

就「正官名」與「新官制」相較，前者因僅是「以階易官，雜取唐及國朝舊制，自開府儀同三司至將仕郎，定爲二十四階」，「以寄祿二十四階，易前日省、寺虛名」，（註三七）規模較小，牽涉較少，所以首先進行。元豐三年九月乙亥（十六日），朝廷採納了詳定官制所擬定的「以階易官寄祿新格」，（註三八）是爲元豐改制的第一項重要變革。茲依據此一寄祿新格，製成「元豐改制寄祿官更換對照表」（即表一）如下：

表一：元豐改制寄祿官更換對照表

新官	舊官
開府儀同三司	中書令、侍中、同平章事
特進	左、右僕射
金紫光祿大夫	吏部尚書
銀青光祿大夫	五曹尚書
光祿大夫	左、右丞
正議大夫	六曹侍郎
通議大夫	給事中
太中大夫	左、右諫議
中大夫	秘書監
中散大夫	光祿卿至少府監
朝議大夫	太常至司農少卿
朝請、朝散、朝奉大夫	六曹郎中

朝請、朝散、朝奉郎	員外郎
朝散郎	起居舍人
朝奉郎	司諫
承議郎	正言、太常、國子博士
奉議郎	太常、秘書、殿中丞
通直郎	太子中允、贊善大夫、中舍、洗馬
宣德郎	著作佐郎、大理寺丞
宣議郎	光祿、衛尉、將作監丞
承事郎	大理評事
承奉郎	太常寺太祝、奉禮郎
承務郎	秘書省校書郎、正字、將作監主簿

說明：一、本表係根據李燾，續資治通鑑長編，卷三百八，神宗元豐三年九月乙亥條，頁七—八製成。

二、依據馬端臨，文獻通考，卷六十四，職官考十八，文散官：「宋元豐更官制，以朝請大夫換前行郎中…以朝散大夫換中行郎中…以朝奉大夫換後行郎中…以朝請郎換前行員外郎……以朝散郎換中行員外郎……以朝奉郎換後行員外郎。」

政府百官更換寄祿官是從同月癸未（二十四日）開始的，首先是宰執，其次是前任宰執、學士、親王、勳耆等，如禮部侍郎、平章事王珪換正議大夫，右諫議大夫、參知政事章惇、蔡確並換太中大夫，觀文殿大學士、集禧觀使、左僕射、舒國公王安石爲特進。（註三九）然而寄祿新格之實施，尙必須制定、修改若干人事法規始能配合。因此從元豐三年九月十六日起，朝廷先後發佈了一連串的法規，現分類說明如下：

1.敘遷之制：九月十六日，詳定官制所擬定敘遷新制，爲朝廷所採行。依據新制，在寄祿二十五階中，開府儀同三司至通議大夫無磨勘（考課）法，太中大夫至承務郎應磨勘。待制（自通直郎始）以上六年遷兩官（三年一遷）至太中大夫止；承務郎以上四年遷一官至朝請大夫止，候朝議大夫有闕次補；朝議大夫以七十員爲額。選人磨勘，並依尙書吏部法，遷京朝官者，依今新定之制。十二月六日又規定：凡遷官除授者並即寄祿官，除大兩省待制以上至太中大夫，餘官至朝請大夫並通磨勘，進士八年，餘十年一遷，所理年月日自降指揮日爲始。（註四〇）

2.加恩之制：九月十七日詔：⑴見任宰相、使相，食邑、實封通及萬戶，前任宰相食邑及萬戶，並封國公，宗室如舊例；⑵臣僚加恩並依舊，勳已至上柱國，即併加食邑、實封，給、諫、待制，許加實封，省副、知雜許併加勳。尋有補充規定：勳上柱國，食邑（自三百、四百、五百、七百至一千戶）、實封（自一百、二百、三百至四百戶）各於官序上遞減一等加之（如食邑令加千戶，止加七百戶，實封亦以此為率），惟食實封一百戶并初封食邑三百戶不減。同日又對武臣加恩之制加以修正：諸班直、都知押班、長行等，諸軍使副、都兵馬使、都頭、副都頭，明堂大禮未加恩者，並加武騎尉。前此所加之銀青光祿大夫為階官，國子祭酒、監察御史為職事官，故皆不用。（註四一）

3.檢校官、憲銜、散階：據中書九月十七日奏：⑴檢校官除三公、三師外並罷；⑵罷憲銜（即加兼御史大夫、侍御史、殿中侍御史、監察御史）；⑶散階除僧官及化外人外，餘並罷。（註四二）

4.致仕官：閏九月十九日詔，致仕官領職事官許帶致仕，若有遷轉止轉寄祿官，若止係寄祿官即以本官致仕，見任致仕官除三師、三公、東宮三師、三少外，餘並易之。（註四三）

5.譯經僧官：十月九日因詳定官制所建言，遂詔譯經僧官試光祿、鴻臚卿者改賜六字法師，試光祿、鴻臚少卿者改賜四字法師，並冠譯經三藏，其請俸依舊。（註四四）

㈢**新官制**：官制（三省、六曹、御史台、秘書省、九寺、五監之法）成於元豐五年四月二十二日，同年五月一日實施。（註四五）為配合官制之實施，朝廷採取了一連串的措施（實際上是發佈了許多有關的詔令）。這些措施，有先於官制告成之日者，亦有後於官制實施之日者。歸納而言，朝廷之種種措施，不外圍繞著人事、機關這兩大核心。以下即以人事、機關為類名，分別說明相關的一些措施。

1.人事方面的措施：

⑴人員的任免：官制之施行，首先要裁併一些機關，這些機關所屬的人員自難免遭到免官之命運。部分機關由於業務尚未了結，除了裁減部分人員外，尚精選可用之人以畢未了之事。（註四六）對於絕大多數未裁併的官司，朝廷的做法是罷舊官（主判官）與除新官（正官）並行。所除之新官，在官制施行日之前，仍居舊職，俟官制施行之日，始履新職，罷舊職事。但亦有例外，詳定官制所的人員因業務未了，官制行日仍兼舊職。某些機關因未及除新官，仍由舊官治事，必須等到新官上任，舊官始行罷職。（註四七）除新官的工作，始於元豐五年四月二十二日，門下侍郎、同中書門下平章事王珪守尚書左僕射兼門下侍郎，參知政事蔡確守尚書右僕射兼中書侍郎。次日，知定州章惇守門下侍郎，參知政事張璪守中書侍郎，翰林學士蒲宗孟、王安禮守尚書左、右丞。迄於四月底，朝廷所除之新官尚有吏、戶部尚書，吏、戶、禮、兵、刑、工部侍郎，左司郎中、右司員外郎，給事中，中書舍人，起居郎、舍人，國子司業，監察御史，秘書監，著作佐郎，校書郎，御史中丞。（註四八）值得注意者有兩點：第一，新除職官大多爲重要官署之屬官，其他官署即使在官制施行之日仍未除新官，在舊官已去職的情形下，這些官署面臨著無官治事的窘境。（註四九）第二，新除職官在早先正官名時已各換有寄祿官，在除授新官時，寄祿官或不變，或隨之而遷。

⑵立行、守、試法：元豐四年十月庚辰（二十七日）詔：「自今除授職事官並以寄祿官品高下爲法，凡高一品以上者爲行，下一品者爲守，下二品以下者爲試，品同者不用行、守、試。」（註五〇）如前所述，朝廷所除之新官皆依此法而授。

(3)定執政班位：依新定官制，知、同知樞密院，門下、中書侍郎，尙書左、右丞皆爲執政官，其班位順序自有規定之必要，故元豐五年二月癸酉詔：「知樞密院、門下、中書侍郎、同知樞密院、尙書左、右丞爲定班，班次以是爲差。」（註五一）

(4)罷館職：元豐五年四月甲戌詔：「自今更不除館職，見帶館職人依舊。如除職事官，校理以上轉一官，校勘減磨勘三年，校書減二年，並罷所帶職。」（註五二）朝廷採取此一措施，或因館職但有其名而無其實，與元豐改制循名責實之精神不符。然其結果卻是破壞了由唐以來宰相帶館職之制，蓋「舊制，昭文、史館、集賢皆置大學士，凡命相以次遷授……及行官制，宰相正名，不領他職。」（註五三）

(5)立百官番宿法：元豐五年四月甲戌詔：「給事中、中書舍人、左右諫議大夫、尙書、侍郎以上並免宿，尙書都省及六曹一員遞宿，省、寺、監長貳五日點一宿，餘官番直。」（註五四）此蓋相當於今日各機關值夜之制。

(6)定告身、黃牒、降宣之制：元豐五年四月甲戌，採詳定官制所建言，定制：階官、職事官、選人凡入品者皆給告身，其無品者，若被敕除授則給中書黃牒，吏部奏授則給門下黃牒，樞密院差則降宣。（註五五）至於告身之給，又有四部之分，即文武告身屬吏部，蕃官告屬兵部，封贈及命婦告屬司封，加勳并將校告屬司勳，官告院四部告身案及吏人隨事分隸諸部。（註五六）

(7)定常朝之儀：侍從官而上，日朝垂拱，謂之常參官。百司朝官以上，每五日一朝紫宸，爲六參

官。在京朝官以上，朔望一朝紫宸，爲朔參官、望參官。（註五七）

(8)增給職錢：凡在京職事官皆給職錢，多寡以寄祿官高下分行、守、試三等，若不言行、守、試者，準行給。如大夫爲郎官，既請大夫奉，又給郎官職錢，其待遇已優於往昔。（註五八）

2.機關方面的措施：

(1)組織與職權之調整：新官制的建立是逐步進行的，元豐三年便已開始調整機關之組織與職權。是年六月壬子詔罷中書、門下省主判官，歸省事於中書。（註五九）八月己亥，詔審刑院併歸刑部；以知院官判刑部，掌詳議、詳覆司事，刑部主判官爲同判刑部，掌詳斷司事；審刑院詳議官爲刑部詳議官。（註六〇）甲辰，詔吏部流內銓改稱尚書吏部。（註六一）次年八月乙卯朔，詔中書自今堂選並歸有司（吏部）。（註六二）十一月癸卯，罷宣徽使，見任宣徽使依舊，後更不除人。（註六三）甲辰，樞密院置知院、同知院，餘悉罷。（註六四）朝廷一方面調整部分機關的組織與職掌，一方面研擬新的官制。爲明白顯示新、舊制之差異，吾人特製成「元豐改制前、後機關及屬官名稱、職掌對照表」（附錄二）由此表可以發現：第一，所謂「新官制」，實際上包括了下列諸項工作：a、機關名稱的更改：如中書門下改稱三省，審官東院、西院、流內銓、三班院改稱尚書、侍郎左、右選。b、屬官名稱的更改：如同平章事改爲左、右僕射，參知政事改爲門下、中書侍郎、尚書左、右丞，主判官改爲正官。c、機關職掌的調整：如尚書六部、衛尉寺、太府寺職掌之恢復或擴充。d、屬官職掌的調整：如諫議大夫、給事中、六部郎中、員外郎由寄祿官改爲職事官。e、機關隸屬的更改：如太醫局改隸太常寺，玉牒所改隸宗正寺。f、新機關的創設：如中書、門下後省之設立。g、舊機關之廢罷：如諫院、宣徽院、三司、審刑院、群牧司等皆被罷。h、舊職官之廢罷：如宣徽使，三司使、副、判官、鹽鐵、度支、戶部使、副、判官，群牧制置使、副、都監、判官，中書省檢正官，樞密院檢詳官，御史台推直、推勘官皆罷之。總體而論，新制與舊制相較，其變革主要仍在於機關的組織與職掌方面。第二，極少數機關職掌變更不大，甚或沒有變更：如光祿寺、宗正寺、鴻臚寺皆屬之。第三，殿中省職掌一仍舊貫：與前者不同之處在於神宗欲建復此官，因禁中未有其地而作罷。（註六五）最後必須說明者，新制施行後仍有適應新情勢而調整機關組織之情事，如銀台司封駁房因給事中復職而罷，（註六六）因其爲新制之必然結果，故在上表中列爲新制之一部分。

(2)鑄印：爲配合省、台、寺、監履行新職，朝廷新鑄各機關的印信，其中「三省印用銀鑄金塗，給事中印爲門下外省之印，（中書）舍人印爲中書外省之印。」（註六七）負鑄印之責者爲少府監，省、台、寺、監共需鑄印六十三枚。（註六八）

(3)治新尙書省：神宗既復尙書二十四司職事，尙書省頓成天下之大有司，原有之辦公處所遂不敷所需。在新省未完工之前，暫寓於舊三司、司農寺及三司使廨舍等處。（註六九）新省之營建，始於官制施行之後——五年五月癸巳，次年十月庚子畢工；十一月庚申，神宗幸新省，有「新省宏壯，甚與官制相稱。」之語，（註七〇）足見彼頗以官制自豪。

(4)辦事規制之頒布：雖然「新除省、台、寺、監官，詳定官制所已著所掌職事」，（註七一）但欲各機關業務順利推展，各項辦事規制之頒布殊不可少。元豐五年二月癸丑朔，朝廷以詔令頒布之三省、樞密院、六曹條例，爲一基本規制，往後續有一些補充性規制之頒布。由於頒布之對象爲三省、樞密院與六部，以下即分兩部分說明之：

甲、關於三省、樞密院者：依其性質又可分爲：

子、政務處理方式：依上述之詔令：

中書省面奉宣旨事，別以黃紙書：「中書令、侍郎、舍人宣奉行訖，錄送門下省爲畫黃。」；受批降若覆請得旨及入熟狀得畫事，別以黃紙，亦書：「宣奉行訖，錄送門下省爲錄黃。」樞密院準此，惟以白紙，錄送面得旨者爲錄白，批奏得畫者爲畫旨。門下省被送錄黃、畫黃、錄白、畫旨，皆留爲底，詳校無舛，繳奏得畫，以黃紙書：「侍中、侍郎、給事中省審讀訖，錄送尚書省施行。」（註七二）

簡言之，中書省、樞密院取旨，門下省審查之，尚書省執行之。雖有此一規制，官制施行後仍發生三省各得取旨出命，紛然無統紀之現象。六月乙卯，神宗不得不下詔：「自今事不以大小，並中書省取旨，門下省覆奏，尚書省施行，三省同得旨事更不帶三省字行出。」（註七三）在通常情況下，門下省的覆奏工作是必經的程序，到了緊急情況下，這一道手續是可省略的。九月乙酉，詔：「凡指揮邊事更不送門下省覆奏。」（註七四）即爲明證。又中書與樞密分別取旨，則宰相不預兵政，爲救斯弊，「乃詔釐其事（指兵政）大小，大事三省與（樞）密院同議進呈畫旨，稱三省、樞密院同奉聖旨，三省

官皆同簽書，付樞密院行之，小事樞密院獨取旨，行訖，關三省。」（註七五）

丑、兼任長官視事方式：在新官制下，尙書省長官左、右僕射分兼門下、中書侍郎，故其視事方式宜予明確規定。依二月癸丑朔之詔，「門下、中書省執政官兼領尙書省，先赴本省視事，退赴尙書省。」（註七六）

寅、申明及法式修立方式：先規定「申明及立條法，並送尙書省，議定上中書省，半年一進頒下，應速者先行；應功賞並送所屬，無定法者送司勳，樞密院軍功不在此限。」（註七七）隨後又規定：應修明法式，「其樞密院並不隸六曹者下刑部，緣功賞者下司勳修立，還送尙書省議。」（註七八）

卯、內降實封文書處理方式：五月壬午詔：「今後四方實封奏，除內降指定付三省、樞密院及中書、門下、尙書省外，餘並降付中書省，可從本省分送所屬曹省。」（註七九）

辰、奏事方式：五月乙未詔：「三省、樞密院自今應入進文字，自來用押字者，並依三省例書臣名。」（註八〇）七月癸未又詔：「三省、樞密院獨班奏事，日不過三班；遇三省並獨班奏事，樞密院事當亟聞，更展一班。」（註八一）所謂獨班奏事，即分班奏事之意。至於奏事之程序，「每朝，三省、樞密（院）先同對，樞密院退，待於殿廬，三省始留，進呈三省事，退，樞密院再上進呈，獨取旨。」（註八二）

巳、三省單獨之規制：「中書省非本省事，舍人不書。吏部擬注過門下省，並侍中、侍郎引驗訖，奏，候降送尙書省；若老疾不任事及於法有違者，退送改注，仍於奏鈔內貼事因進入。」（註八三）

「尙書省左、右僕射、丞合治省事」，（註八四）「尙書省得旨合下去處並用劄子」。（註八五）

乙、關於六部者：二月癸丑朔詔曰：

…六曹諸司官，非議事不詣都省及過別曹，應立法事，本曹議定，關刑部覆定，干酬賞者，送司勳，如無異議，還送本曹，赴都省議。體大者集議，議定上中書省，樞密院事上本院。吏部差注官團甲由都省上門下省，有違法者退吏部，以事因貼奏。諸稱奏者，有法式上門下省，無法式上中書省，有別條者依本法，邊防禁軍事，並上樞密院，應分六曹寺監者爲格，候正官名日施行。（註八六）

這是六部處理日常業務的準則。依據新官制，六部與九寺、三監皆成爲業務性機關。因六部與寺、監職掌頗多重疊之處，二者間關係遂有進一步規範之必要。執政大臣希望將九寺、三監分隸六部，神宗以爲「一寺一監職事故分屬諸曹，豈可專有所隸，宜曰九寺、三監於六曹隨事統屬。」（註八七）遂著爲令。

(5)監察制度之確立：神宗朝於監察制度之重大措施，厥爲六察制度之恢復。元豐三年四月十五日，復置六察察在京官司：吏部及審官東、西院、三班院等隸吏察，戶部、三司及司農寺等隸戶察，刑部、大理寺、審刑院等隸刑察，兵部、武學等隸兵察，禮祠部、太常寺等隸禮察，少府、將作等隸工察。（註八八）隨著新官制之實施，六部職掌皆有所調整（特別是工部職掌之恢復），原有之六察規制已有重新申明之必要，故元豐五年五月辛卯詔：「秘書省、殿中省、內侍省於三省用申狀，尙書六曹用牒，不隸御史台六察，如有違慢委言事御史彈奏。其尙書六曹分隸六察。」（註八九）本詔已將御史台監察之對象擴及秘書、殿中、內侍三省，但仍未包括在京之所有重要官司。因之，八月癸丑又詔：「三省，樞密院、秘書、殿中、內侍、入內內侍省聽御史長官及言事御史彈糾。」（註九〇）又在新官制下，尙書六部職掌之繁重已非昔日可比，加之以與九寺、三監之統屬關係，非有嚴密之監察制度實不足以有效控制。六察所施之外部控制固不可少，都省所爲之內部監察更屬責無旁貸，故朝廷採納詳定官制所之建言，課都省各級職官以監督之責：「諸六曹事有稽違而不察舉者，以律『上官案省不覺』坐之，令、僕、丞爲一等，左右司爲一等，都司主事爲一等，令史以下爲一等。」（註九一）

第三節　元豐改制之檢討

一、改制之利與弊

㈠**改制之利──消除名實不符現象**：宋承五代之弊，官、職、差遣離而爲三，以官寓祿秩、敘位著，以職待文學之選，以差遣治內外之事。若將官與差遣相比，官爲名，差遣爲實。舊制之弊在於有名者無其實，有實者無其名，如諫議大夫無言責，起居舍人（或他官）知諫院者反以補闕拾遺爲職業。神宗改革官制，既以階易官，盡罷往昔之虛名，而依階以定祿；又修省、台、寺、監法，掃除前日一切差遣名目，而代之以正官。於是百官有名者遂有其實，朝廷因其名而責其事，依其階而制其祿。百年積弊，從此消除，此不得不謂爲神宗之功業。

㈡改制之弊：

1.敘遷太易：改制之前，以官寄祿；改制之後，以階寄祿。由於官多階少，在考滿即遷的情況下，遂產生「昔之官品難於進，今之階秩易爲高」（註九二）的現象。以給事中爲例，舊制或遷工部侍郎，或遷禮部侍郎（帶翰林學士以上職）。自工部遷刑部，自刑部遷兵部，自兵部遷右丞。或自禮部遷戶部，自戶部遷吏部，自吏部遷左丞。（註九三）因此，給事中凡四遷始至左、右丞。依新制，給事中於階官爲通議大夫，六曹侍郎於階官爲正議大夫，左、右丞於階官爲光祿大夫。由通議大夫至光祿大夫，僅歷正議大夫一階，（參看表一）亦即通議大夫二遷便至光祿大夫。他如卿監、尙書之遷轉，亦有類似之情形。（註九四）敘遷太易，高官坐致，殊非重惜名器之意。哲宗元祐三年二月癸未，於朝議、中散、正議、光祿、銀青光祿、金紫光祿大夫六階並置左右，（註九五）即爲補救此一缺失。

2.流品無別：舊制所以分別流品者極嚴，（註九六）特見之於敘遷之制上。如太常、國子博士遷後行員外郎，內有出身人遷屯田，無出身人遷虞部，贓罪敘復人遷水部。（註九七）依新制，太常、國子博士於階官爲承議郎，後行員外郎於階官爲朝奉郎；承議郎升一階，不問流品，皆爲朝奉郎。（參看表一）他如前行郎中之遷轉，亦有類似情況。（註九八）然而流品無別，則清濁並進，殆非敦勵學行之道。元祐時，爲區別流品，乃令寄祿官悉分左右，詞人爲左，餘人爲右。（註九九）斯亦救弊之一方也。

3.行動稽緩：官制施行未及半月，神宗即謂：「自頒行官制以來，內外大小諸司及創被差命之人，凡有申稟公事，日告留滯，比之舊中書稽延數倍，眾皆有不辦事之憂，未知留滯處所…。」（註一〇〇）關於新官制所造成政務處理稽緩之原因與情狀，司馬光所言甚詳，光曰：

…神宗皇帝以唐自中葉以後，官職繁冗，名器紊亂，欲革而正之，誠為至當，然但當據今日之事實，考前日之訛謬，刪去重複，去其冗長，必有此事，乃置此官，不必一一依唐之六典，分中書為三省，令中書取旨，門下覆奏，尚書施行。凡內降文書及諸處所上奏狀、申狀至門下、中書省者，大率皆送尚書省，尚書省下六曹，六曹付諸案勘會、檢尋文書、會問事節，近則寺監，遠則州縣。一切齊足，然後相度事理，定奪歸著，申尚書省，尚書省送中書取旨，中書既得旨，送門下省覆奏，畫可然後翻錄，下尚書省，尚書省復下六曹，方符下諸處。以此文字繁冗，行遣迂回，近者數月，遠者踰年，未能結絕。或四方急奏待報，或吏民辭訟求決，皆困於留滯…。（註一〇一）

由此可見新官制所以造成政府行動稽緩，主要是事權重新劃分之後，行政層級與手續增多的緣故。

4.中書專權：新官制雖是三省並建，卻是由中書單獨取旨。所以如此者，固然與神宗「必欲復唐三省之職」（註一〇二）有極大關係，蔡確之陰謀實有以致之。在研擬省、台、寺、監法時，王珪為門下侍郎、平章事，蔡確為參知政事，二人力贊官制改革。確為陰傾珪之權，既主中書造命之說，又密語神宗曰：「三省長官位高，恐不須設，只以左僕射兼門下侍郎，右僕射兼中書侍郎，各主兩省事可也。」（註一〇三）神宗納其說，以珪、確各以左、右僕射分兼門下、中書侍郎。確爲右相後，遂獨專政柄，凡除吏珪皆不與聞。後神宗雖許珪同議尚書省官及諸道帥臣之進退，（註一〇四）然終神宗之世，中書始終維持單獨取旨的地位，即使在元祐時，事權仍多在中書。（註一〇五）因此，若以西方學者「分權與制衡」的理論衡之，元豐改制後的宰相制度，實爲一分權與制衡皆極不澈底的設計。

5.重複置官：元祐三年，御史翟思等比較今昔制度曰：

……昔者兩制一人兼判太常禮儀事，其太常禮院則館職之官兼行主判；今禮部有侍郎、郎中、員外，祠部亦置郎官，而太常有少卿、博士、丞、簿，其實皆禮官也……今內外饔餼，膳部既以掌之矣，光祿又置卿、少、丞、簿官屬，每遇祠事，則視饌告腯而已，奉幣、讀祝、守酒尊皆專置奉禮、太祝、太官令主之，昔以吏部待次之官行禮、攝事，亦未聞有廢職不舉者。今各置一官，則祿不足以稱事，事不足以稱官……若戶部之有司農，主客之有鴻臚，駕部之有太僕，庫部之有衛尉，工部之有將作、軍器，水部之有都水監，皆重疊置官，例可減省、兼領……。（註一〇六）

由是可知神宗法唐六典，修六部、九寺、五監之法，實際上卻是重複置官。按漢時九卿並建，各有專司。「隋以後六部之任既專，二十四司之曹復備，則以前代九卿之職歸諸六部矣」。（註一〇七）是則隋、唐以後九卿之設徒爲冗官。宋沿五代之舊，三司成爲天下之大有司，六部、寺監一併淪爲冗散的官署。神宗更制，以尚書二十四司代昔日三司本已足矣，又益之以寺、監，重複置官、行動稽緩遂成爲不可避免之結果。

6.利權分散：戶部雖當往日之三司，卻不若三司擁有完整之財政權；戶部尙書雖爲舊三司使之任，卻不預右曹侍郎之事。司馬光謂：

…自改官制以來…將舊日三司所掌事務，散在六曹及諸寺監。應支用錢物，五曹得以自專，有司得符，即時應副，而戶部不能制；申發帳籍，又不盡歸戶部。戶部既不得總天下財賦，無由盡知錢穀出納見在之數，既不盡知，何由量入爲出…今之戶部尙書，舊三司使之任也，而左曹隸尙書，右曹不隸尙書矣。天下之財，分而爲二，視彼有餘，視此不足，不得移用；天下皆國家之財，而分張如此，無專主之者，誰爲國家公共愛惜通融措置者乎…故利權不一，雖使天下財如江海，亦恐有時而竭，況民力及山澤所出有限制乎…。(註一〇八)

五曹支用錢物，戶部不能制，申發帳籍，又不盡歸戶部，於是戶部不知天下錢物出納之總數，更無法量入爲出。戶部既分左、右二曹，彼此不得相互移用，則不足者終不得支援，有餘者難免浪費。總而言之，新的財政制度將使得國家資源無法作有效率的運用。

7.失禮士方：清儒錢大昕有言：

宋時百官除授，有官，有職，有差遣。如東坡以端明殿學士、朝奉郎、知(定)州，知州事，差遣也，端明殿學士，職也，朝奉郎，則官也。差遣罷而官、職尙存，職落而官如故，古之優禮臣工如此。(註一〇九)

宋史職官志則謂：

宋朝庶官之外，別加職名，所以厲行義、文學之士。高以備顧問，其次與論議，典校讎，得之為榮，選擇尤精。元豐中，修三省、寺監之制，其職並罷，滿歲補外，然後加恩兼職：係一時恩旨，非有必得之理。（註一一〇）

由是可見文官加職是人主優禮臣工，激厲行義、文學之士的方法。神宗改革官制，循名責實，乃將官、職先後革去，雖不無簡化官制之效，人主卻頓失禮士之良方，所帶來的負面影響恐難以估計。

8.體統、名稱不順：元儒馬貴與以為，元豐改制既以中書門下同平章事為左、右僕射，參知政事為中書、門下侍郎、尚書左、右丞，又以左僕射兼門下侍郎，右僕射兼中書侍郎，則是自有佐官而復以長官兼之，不僅累贅，且於體統、名稱上皆不順。（註一一一）

二、新制與唐六典規制、北周六官制之比較

㈠與唐六典規制之比較

1.類同之處：⑴元豐改制所創之「寄祿新格」，本係唐與宋舊制之綜合，故與唐六典二十九階之制相較，非僅各階名稱、次序大體相似，（註一一二）其作用亦同為制祿秩。（註一一三）；⑵元豐改制所造就之以三省、六部、御史台、秘書省、九寺、五監為骨架之中央政府，與唐六典之體制幾無二致。（註一一四）唐六典一書成於玄宗之世，則其所著錄者應屬中唐之制度。元豐改制以唐六典為法，其

結果似爲恢復中唐之制度。(3)元豐改制，御史台設吏、戶、禮、兵、刑、工六察察尙書六曹，與唐六典「監察御史…若在京都則分察尙書六司」（註一一五）類似。

2.相異之處：(1)唐六典成書之時，樞密院尙未產生，（註一一六）經唐末、五代之發展，至宋初已與中書對持文武二柄，號爲「二府」。（註一一七）唐六典既無樞密院，而以兵部掌武事，故元豐議改官制，議者欲廢樞密院歸兵部，神宗曰：「祖宗不以兵柄歸有司，故專命官以統之，互相維制，何可廢也？」於是得不廢。（註一一八）(2)依唐六典，武官選授歸兵部。（註一一九）神宗謂三代、兩漢本無文武之別，判尙書吏部兼詳定官制蘇頌遂建言，以文武一歸吏部，分左右曹掌之，每選更以品秩分治，於是吏部始有四選之法。（註一二〇）(3)又據唐六典，六部與寺監有業務往來關係，而無上下統屬關係。（註一二一）元豐新制，九寺、三監不專隸於一部，而於六部隨事統屬。

(二)與北周六官制之比較

史稱北周太祖（宇文泰）以漢魏官繁，思革前弊，乃命蘇綽、盧辯依周禮，建六官（卿）：大冢宰、大司徒、大宗伯、大司馬、大司寇、大司空，以分司庶務。（註一二二）依其職掌與屬官考之，大冢宰乃宰相之任，大司徒略當戶部，大宗伯略當禮部，大司馬略當吏、兵二部，大司寇略當刑部，大司空略當工部。（註一二三）故北周之六官與唐六典三省、六部、九寺、五監並建之制相去甚遠。元豐新制亦設三省與六部，體統與北周六官大異其趣；唯以寺監統屬於六部，與北周以六官分司庶務，有其神似之處。

三、託古改制之問題

中國歷史上，常見託古改制之史實與思想，元豐改制是否亦屬託古改制之一例？按託古改制者，託古爲手段，改制始是目的。改制所以借助託古之手段，減少阻力當爲最重要原因。元豐改制以唐六典爲模範，以北周六官制爲理想，徵之實際官制，卻與二者不盡相同，其故安在？吾人以爲，熙寧新法，託言周官泉府，仍遭致士大夫激烈之反對；元豐新制，爲免重蹈覆轍，除懸時間較近之北周六官爲理想外，更立累朝士大夫所主張之唐六典爲圭臬，目的當在減少士大夫之反對，便於改制工作之進行。假若此一推測無誤，則元豐新制又何嘗不是託古改制之又一例？

結語

中國政制，秦爲開創時代，西漢爲完成時代。就中央政制而言，西漢有決定國家大政方針的丞相，有治理國家各種職事的列卿。往後尙書、中書、門下三省先後發展成爲國家的重要機關，因此到了唐初，一方面三省長官皆成爲宰相之職，另一方面尙書六部二十四司則成爲主要行政機關。值得注意者：第一，初唐三省原有分權之關係，但行之未久，即遭破壞。第二，與六部並存者尙有寺監，二者職掌頗多重複之處。及五代、宋初，樞密院與三司漸次掌握了國家的軍政與財政，宰執以下機關職掌同遭侵奪，又由於此時君主任意差遣臣僚治內外之事，政府百官漸失本職。宋元豐以前官制誠然亂矣，但是亂中仍有其序，而且官制之亂並未造成政治之亂。蓋百官雖失本職，卻另有差遣而未成爲冗散；三司雖侵尙書職掌，卻是財政集權中央的利器；樞密院雖奪宰相之軍事權，宰相仍擁有完整之行政權，甚且在必要時兼領樞密院而握有軍事權。

宋之士大夫特好議論，上至國家大政，下至宮闈細事，皆見之章疏。現行之官制既不盡合理，改制之呼聲遂時有所聞。神宗初即位，便有心更革天下之弊事，對於上述呼聲自不能無感。從治平四年開始，朝廷便斷續地展開官制改革之工作。然而熙寧時代推行新法是君臣全力以赴之目標，大部分官制改革工作不過是配合新法而採行之措施。熙寧末，新法之行已漸上軌道，神宗獲得了施展他另一個抱負的機會，遂下詔校唐六典，以爲將來改制之典範。正式之改制是從元豐三年開始的，六月十五日，設立詳定官制所以專司其事。改制工作分兩大部分，首先是「正官名」，亦即以階易官，省、台、寺、監領空名者一切罷去，代之以寄祿官二十五階。從此名實不符之現象一旦而除去。這項改革原本是值得贊許的，但是因爲寄祿官階數太少，遷轉之時又完全不考慮流品，造成敘遷太易、清濁並進的不合理現象。舊制名雖不正，事猶公允，新制名固正矣，事反失公。矯枉過正，是元豐改制「正官名」工作的基本缺失。改制的第二部分，是「新官制」，亦即建立一個以三省、六部、九寺、五監爲骨架的中央政府。唐六典之制度是模仿的對象，北周之六官制是理想目標。按唐六典係將唐代令式傅會周禮之產物，（註一二四）其所著錄之典章，本係李唐之規制，元豐改制大體仿之，則李唐官制之弊亦承受之。「中書取旨，門下覆奏，尙書施行」，制定法令者與審查法令者既非一人，則二者意見難免相左，往來論難之結果，彼此常成寇讎；若避私怨而知非不言，又非立制之本旨。然唐有政事堂之設以溝通意見，分權之弊大爲減除。元豐新制，既無政事堂以折衷協調，又守「中書造命」之說而奉行不渝，終於造成中書權力之獨大。再者唐之寺監雖多爲冗司，因與六部無統屬關係，並未增加行政之層級。元豐新制，寺監隨事統屬於六部，既增行政之層級，遂使公文處理迂迴費時。抑有進者，寺監統屬於六部，固近於北周六官之制，然而六官之制行於簡單之政治社會則可，施於複雜之政治社會如宋者則頗有問題。此無他故，社會愈進化，分工愈精細，國家事務已非六部所能盡括。神宗改革官制本有「託古改制」之意味，故制度之規劃尚能仿古而不泥古。惜乎改制之時主政者如蔡確之流暗存私心，而神宗本人又昧於社會發展之趨勢是由簡入繁，遂使「新官制」產生上述之嚴重缺失。

吾人以爲中國二千年政治制度，因襲是常態，變革是非常態。在有限的變革中，大規模的改制，尤其少之又少。「蓋人者可與習常，難與適變，可與樂成，難與慮始」。神宗以一青年君主，毅然實施改制，欲將累朝弊制煥然更新。他的努力顯然並不十分成功，但是他那種勇於任事的精神卻是令人欽佩的。

【附註】

註　一：元・脫脫等撰，宋史（台北：鼎文書局，民國六十七年初版），卷一六一，職官一，頁三七六八—九。

註　二：宋・李燾，續資治通鑑長編（台北：世界書局，民國七十二年四版），卷二九八，元豐二年五月己丑條，頁九。

註　三：宋史，卷一六一，職官一，頁三七六九。

註　四：同前註，引吳育之言。

註　五：參閱劉敞，「上仁宗論詳定官制」，見趙汝愚編，宋名臣奏議，景印文淵閣四庫全書，第四三一冊（台北：台灣商務印書館，（民國七十三年出版）），卷六十九，百官門，官制，頁三。

註　六：宋史，卷一六二，職官二，頁三八一八。

註　七：關於元豐以前紊亂政制在前代之根源，可參考鄭壽彭，「宋代三司之研究（上、中、下）」，現代學苑十卷八、九、十期（台北：現代學苑月刊社出版，民國六十二年八、九、十月），頁一一—一六，三三—三六，二八—三四；孫國棟，「宋代官制紊亂在唐制的根源—宋史職官志述宋代亂制根源辨」，中國學人第一期（香港：新亞研究所出版，民國五十九年三月），頁四一—五四；曾資生，「宋元豐官制改革的前後趨勢」，和平日報，民國三十六年五月十五日，第六版。

註　八：宋史，卷一六九，職官九，頁四〇二九。

註　九：田錫、羅處約、王化基的意見，分見續資治通鑑長編，卷二十二，太宗太平興國六年九月壬寅條，頁八；卷二十九，端拱元年十二月，頁十四；卷三十二，淳化二年九月庚子條，頁十—十一。

註一〇：吳育意見，見續資治通鑑長編，卷一八一，仁宗至和二年十一月乙丑條，頁十二—三；劉敞主張，見同註五，頁一—五。

註一一：宋史，卷一六八，職官八，頁四〇〇三—四、四〇〇七。

註一二：李清臣主張，見續資治通鑑長編，卷二九八，元豐二年五月己丑條，頁九。

註一三：續資治通鑑長編，卷二九，端拱元年十二月，頁十四，羅處約疏語。

註一四：宋史，卷一六八，職官八，頁四〇〇三。

註一五：清・徐松輯，宋會要輯稿（台北：世界書局，民國六十六年再版），職官一，頁二三六六下—二三六七上。

註一六：參閱同前書，職官一，頁二三三八上。

註一七：同前註。宋史，卷十四，神宗本紀一，頁二六六：「（治平四年六月）乙亥，詔中書、樞密細務歸之有司。」應係同一件事。

註一八：參閱宋會要輯稿，職官五，頁二四六七。本項目所述請參考鄧廣銘，「熙寧時代的編修中書條例所」，申報，民國三十七年三月二十日，第八版。

註一九：參閱宋史，卷一六一，職官一，中書省，頁三七八六。

註二〇：宋會要輯稿，職官三，頁二四二〇下。

註二一：參閱同前書，職官五，頁二四六八上。

註二二：參閱同前書，職官一一，頁二六五〇；宋・章如愚編，群書考索，景印文淵閣四庫全書，第九三七冊，後集，卷七，官制門，列曹尚書，頁十八—九。

註二三：宋史，卷一六五，職官五，將作監，頁三九一八；軍器監，頁三九二〇；大理寺，頁三八九九。

註二四：同前，將作監，頁三九一八—九；司農寺，頁三九〇四；軍器監，頁三九二〇。同書，卷十五，神宗本紀二，頁二八四：「（元豐六年）六月己亥，置軍器監。」

註二五：宋會要輯稿，職官一四，頁二六八九上。

註二六：參閱宋會要輯稿，職官二四，頁二八九五上。宋史，卷十五，神宗本紀二，頁二九六，謂元豐元年十二月戊午，置大理寺獄；再以卷一六五，職官五，大理寺，頁三九〇〇載元豐二年手詔「大理寺近舉墜典，俾治獄事」考之，則同頁所謂熙寧九年復置大理獄，顯為錯誤。

註二七：參閱宋會要輯稿，職官二四，頁二八九五上及宋史，卷一六五，職官五，大理寺，頁三九〇〇。

註二八：參閱宋會要輯稿，職官五，頁二四六三上、二四六五下、二四六六上。

註二九：群書考索，後集，卷四，官制門，元豐新官制，頁七。

註三〇：宋史，卷一六一，職官一，頁三七六九。

註三一：同前註。

註三二：宋會要輯稿，職官五六，頁三六二五下。

註三三：同前，頁三六二五下—三六二六上、三六二八上、三六二九下—三六三〇上、三六三一上。

註三四：參閱同前，頁三六三一—三六三二上。

註三五：宋．不著編人，宋大詔令集（台北：鼎文書局，民國六十一年初版），卷一六二，政事十五，官制三，改官制詔，頁六一六。頒布時間與訂正之字，據宋會要輯稿，職官五六，頁三六二五下。

註三六：改官制詔已有「宇文造周：準古創制，義為可觀」之語，另宋會要輯稿，職官五六，頁三六二九下：「上嘗論蘇綽建復官制，上自朝廷，下至州縣，悉分爲六曹，體統如一，今先自京師，候推行有序，即監司州縣皆可施行矣。」
亦可證明。

註三七：宋史，卷一六九，職官九，頁四〇五一及卷三二八，張璪傳，頁一〇五七〇。宋史所載似有錯誤，據表一，寄祿新格凡二十五階，最末一階爲承務郎，而非將仕郎。

註三八：續資治通鑑長編，卷三〇八，元豐三年九月乙亥條，頁七—八。

註三九：關於宰執、前任宰執、學士、親王、勳耆等更換寄祿官之情形，請參閱同前書，卷三〇八，元豐三年九月癸未條，乙酉條、丙戌條、丁亥條，頁十—十四。

註四〇：宋會要輯稿，職官五六，頁三六二六上、頁三六二七下，並參考頁三六三一下。

註四一：參閱同前，頁三六二六；續資治通鑑長編，卷三〇八，元豐三年九月丙子條，頁九—十。

註四二：參閱宋會要輯稿，職官五六，頁三六二六下—三六二七上；宋史，卷十六，神宗本紀三，頁三〇三及卷一六九，職官九，兼官，頁四〇六三—四。

註四三：宋會要輯稿，職官五六，頁三六二七下。

註四四：參閱同前註。

註四五：宋史，卷十六，神宗本紀三，頁三〇七：「（元豐五年）四月…癸酉，官制成…五月辛巳朔，行官制。」癸酉爲二十二日，辛巳朔爲一日。

註四六：參閱續資治通鑑長編，卷三一九，元豐四年十一月辛卯條，頁十四。

註四七：本段參閱同前書，卷三二五，元豐五年四月乙亥條，頁十二及卷三二六，元豐五年五月壬午、癸未、辛卯條，頁二、三、九。

註四八：參閱同前書，卷三二五，元豐五年四月癸酉、甲戌、乙亥、丙子、丁丑條，頁九—十四。

註四九：如國子監、太僕寺、軍器監在辛卯日以前皆無新官治事，見同前書，卷三二六，元豐五年五月辛卯條，頁九。

註五〇：同前書，卷三一八，元豐四年十月庚辰條，頁十三。

註五一：同前書，卷三二三，元豐五年二月癸酉條，頁十三。

註五二：同前書，卷三二五，元豐五年四月甲戌條，頁十一。

註五三：宋會要輯稿，職官七，頁二五三五下。

註五四：同註五二。

註五五：參閱同註五二，頁十一—一二。

註五六：宋神宗敕撰，元豐官制不分卷（台北：文海出版社，民國七十年出版），官誥院，頁三〇五。

註五七：宋史，卷一一六，禮十九，常朝之儀，頁二七五一。

註五八：參閱宋史，卷一七一，職官十一，職錢，頁四一一四、四一一七。關於職錢之支給，請參閱衣川强著，鄭樑生譯，宋代文官俸給制度，人人文庫（台北：台灣商務印書館，民國六十六年初版），頁二四—五。

註五九：續資治通鑑長編，卷三〇五，元豐三年六月壬子條，頁十一。

註六〇：同前書，卷三〇七，元豐三年八月己亥條，頁五。並參考宋史，卷一六三，職官三，刑部，頁三八五八。

註六一：續資治通鑑長編，卷三〇七，元豐三年八月甲辰條，頁九。

註六二：同前書，卷三一五，元豐四年八月乙卯朔條，頁一。卷三二〇，元豐四年十一月戊申條，頁十一：「詔：『自今堂選、堂占悉罷，以勞得堂除者，減磨勘一年，選人不依名次、路分占射差遣。』」可見堂選即堂除。所謂堂除，依趙升，朝野類要，筆記小說大觀二十一編，第五冊（台北：新興書局，民國六十七年），卷三，差除，堂除，頁二，即「都堂奏差者也。」

註六三：續資治通鑑長編，卷三二〇，元豐四年十一月癸卯條，頁二。

註六四：同前，元豐四年十一月甲辰條，頁六。同頁載樞密院之改制原委：「於是大改官制，議者欲廢樞密院歸兵部，上曰：『祖宗不以兵柄歸有司，故專命官統之，互相維制，何可廢也？』上又以樞密聯職輔弼，非出使之官，乃定置知院（一人），同知院二人。」

註六五：宋史，卷一六四，職官四，殿中省，頁三八八一。

註六六：續資治通鑑長編，卷三二七，元豐五年六月乙亥條，頁十八—九。並參考宋會要輯稿，職官二，頁二三九一下。

註六七：續資治通鑑長編，卷三一八，元豐四年十月庚辰條，頁十三。

註六八：同前書，卷三一九，元豐四年十一月丁亥條，頁六。

註六九：宋．葉夢得，石林燕語，四庫全書珍本別輯（台北：台灣商務印書館，（民國六十四年出版）），卷二，頁三。

註七〇：續資治通鑑長編，卷三四一，元豐六年十一月庚申、甲申條，頁六、十四。

註七一：宋大詔令集，卷一九四，政事四七，誡諭百官詔，頁七一四—五，所註時間是元豐五年五月壬午。

註七二：續資治通鑑長編，卷三二三，元豐五年二月癸丑朔條，頁一。

註七三：同前書，卷三二七，元豐五年六月乙卯條，頁七。

註七四：同前書，卷三二九，元豐五年九月乙酉條，頁十六。

註七五：元・馬端臨，文獻通考，十通第七種（台北：台灣商務印書館，民國七十六年台一版），卷五十八，職官考十二，樞密院，按語，考五二四。

註七六：同註七二。

註七七：同前註。

註七八：同註七四。

註七九：續資治通鑑長編，卷三二六，元豐五年五月壬午條，頁二。

註八〇：同前，元豐五年五月乙未條，頁十二。

註八一：同前書，卷三二八，元豐五年七月癸未條，頁二。

註八二：同註七五。

註八三：同註七二。

註八四：同註七九，元豐五年五月辛巳朔條，頁一。

註八五：同註七九，元豐五年五月癸未條，頁二。

註八六：同註七二，頁一—二。

註八七：同註七九，元豐五年五月己丑條，頁八。

註八八：宋會要輯稿，職官一七，頁二七三八下。

註八九：同註七九，元豐五年五月辛卯條，頁十。

註九〇：同前書，卷三二九，元豐五年八月癸丑條，頁三。

註九一：同前，元豐五年八月庚戌朔，頁一。

註九二：畢仲游，「上哲宗論官制之失蔭補之濫」，趙汝愚編，宋名臣奏議，卷六十九，百官門，官制，頁七。

註九三：宋史，卷一六九，職官九，群臣敘遷，頁四〇二七。

註九四：參閱同前，頁四〇二六—八。

註九五：續資治通鑑長編，卷四〇八，哲宗元祐三年二月癸未條，頁六。

註九六：群書考索，後集，卷四，官制門，元豐新官制，頁九。

註九七：參閱宋史，卷一六九，職官九，群臣敘遷，頁四〇二四—五。

註九八：參閱同前，頁四〇二六。

註九九：宋史，卷一六一，職官一，頁三七六九。據宋・陳均，九朝編年備要，景印文淵閣四庫全書，第三二八冊，卷二十二，哲宗皇帝，頁四十四—五：「（元祐三年二月）詔文臣繫銜分左右，自朝議至金紫光祿，進士爲左，餘人爲右。明年冬又詔朝議大夫以下並分左右。紹聖二年罷之，正議以上如故。」

註一〇〇：續資治通鑑長編，卷三二六，元豐五年五月辛卯條，頁十。

註一〇一：司馬光，傳家集，景印文淵閣四庫全書，第一〇九四冊，卷五十七，章奏四十，「乞合兩省爲一劄子」，頁二—三，原註：元祐元年與三省同上。

註一〇二：文獻通考，卷五十，職官考四，門下省，侍郎，按語，考四五八。

註一〇三：續資治通鑑長編，卷三二七，元豐五年六月乙卯條，頁七。並參考前註。

註一〇四：參閱同前，元豐五年六月乙卯條，頁七。

註一〇五：三省共同取旨，始於元豐八年（哲宗已即位，未改元）九月乙巳，見續資治通鑑長編，卷三五九，頁十五。元祐時，事權多在中書，見石林燕語，卷三，頁十。

註一〇六：續資治通鑑長編，卷四一五，元祐三年十月戊戌條，頁十二。

註一〇七：清・嵇璜、曹仁虎等奉敕撰，續通志，景印文淵閣四庫全書，第三九四冊，卷一三一，唐五代宋官制下，按語，頁七—八。

註一〇八：傳家集，卷五十一，章奏三十四，「論錢穀宜歸一劄子」，頁一—二，原註：元祐元年上。

註一〇九：清・錢大昕，潛研堂集，四部叢刊正編，第八九冊（台北：台灣商務印書館，民國六十八年台一版），卷三十四，答袁簡齋書，頁三。

註一一〇：宋史，卷一六二，職官二，頁三八一八。

註一一一：同註一〇二。

註一一二：參閱唐・張九齡等撰，李林甫等注，唐六典，景印文淵閣四庫全書，第五九五冊，卷二，尚書吏部，頁六—九。

註一一三：唐之官制有職有階，有職者必有階，稱爲職事官，有階而無職者稱爲散官，散官五品以下有祿俸。參閱薩孟武，中國社會政治史，第三冊（台北：三民書局，民國六十四年七月初版），頁三四二—三。又宋．歐陽修、宋祁，新唐書（台北：鼎文書局，民國六十五年十月初版），卷五十五，食貨五，頁一三九四：「（永業田）散官五品以上給同職事官。」故知唐之階，亦有制祿秩之作用。

註一一四：請參閱唐六典全書。

註一一五：唐六典，卷十三，御史台，頁七。

註一一六：唐代宗永泰中，初置樞密使，參閱文獻通考，卷五十八，職官考十二，樞密院，考五二三。

註一一七：宋史，卷一六二，職官二，樞密院，頁三七九八。

註一一八：唐六典，卷五，尚書兵部，頁三：「兵部尚書、侍郎之職，掌天下軍衛，武官選授之政令。」並參閱同前註，頁三八〇〇。

註一一九：唐六典，卷五，尚書兵部，頁三。

註一二〇：宋史，卷三四〇，蘇頌傳，頁一〇八六四—五。

註一二一：參閱唐六典，卷二—七，十四—二十三。

註一二二：參閱唐．令狐德棻等撰，周書（台北：鼎文書局，民國六十七年再版），卷二，文帝紀下，頁三六。唐．魏徵等，隋書（台北：鼎文書局，民國六十八年二版），卷二十七，百官中，頁七七〇—一。

註一二三：參閱唐．杜佑，通典，十通第一種（台北：台灣商務印書館，民國七十六年台一版），卷十七—二十六，典一〇五—一五五。

註一二四：參閱陳寅（恪），隋唐制度淵源略論稿，人人文庫（台北：台灣商務印書館，民國六十四年台四版），頁九六—七。

第二章　哲宗朝之官制改革

北宋自神宗（一〇四八—一〇八五）以降，國家政策與政治制度時有變更，熙寧（一〇六八—一〇七七）爲新政策（以下簡稱新法）的推行時代，元豐（一〇七八—一〇八五）則爲新政治制度（以下簡稱新制）的建立時代。哲宗（一〇七六—一一〇〇）繼統，高太皇太后聽政，從元豐八年（一〇八五）十一月起，迄元祐八年（一〇九三）九月止，爲新法與新制的修改時代。哲宗親政後，紹聖（一〇九四—一〇九七）、元符（一〇九八—一一〇〇）又爲新法與新制的恢復時代。隨著政策與政制更迭的是新、舊兩批政治人物的起伏，人的因素既然深深地捲入政策與政制的是非之中，那麼探討人的行爲動機便成爲了解政策與政制變更的關鍵。由於學者對新法之討論已極詳盡，（註一）而神宗時代的官制改革則如上章所述，故本章之焦點擬集中於哲宗朝的官制改革。因爲元祐是新制的修改時代，紹聖、元符爲新制的恢復時代，以下之分析即分爲這兩部分來進行，每一部分皆先述改制之原因，次述改制之內容，再述主政者之更迭與改制，而以改制之檢討結尾。最後，綜合前兩部分的討論，提出本章的結語。

第一節　元祐改制（元豐八年十一月至元祐八年九月）

一、改制之原因

元豐新制係神宗與若干大臣精心擘畫之結果，何以神宗去世未久即發生變革？其原因似可由制度與人物兩方面來探索，就制度因素來說，改制的目的一則在彌補新制的缺失，二則在恢復祖宗舊制；就人物動機來說，改制的目的在爭奪權力；茲分別說明如下：

㈠彌補新制的缺失

關於新制的缺失，約有下述幾項：（註一）

1.敘遷太易：舊制敘遷的對象爲官，新制敘遷的對象爲階，在官數遠多於階數的情況下，新制與舊制相較，難免產生敘遷太易的流弊。例如舊制給事中凡四遷始至左右丞，新制給事中於階官爲通議大夫，左右丞於階官爲光祿大夫，由通議至光祿，僅歷正議大夫一階，亦即通議大夫二遷便至光祿大夫。他如卿、監、尙書之遷轉，亦有類似之情形。

2.流品無別：例如舊制太常、國子博士遷後行員外郎，內有出身人遷屯田，無出身人遷虞部，贓罪敘復人遷水部。依新制太常、國子博士於階官爲承議郎，後行員外郎於階官爲朝奉郎；承議郎升一階，不問流品，皆爲朝奉郎。他如前行郎中之遷轉，亦有類此情況。

3.行動稽緩：新制三省並建，中書取旨，門下覆奏，尚書施行；（註三）而尚書之下有六部，六部之下又有寺監；既增政府機關的層級，又增各機關的辦事手續。大量的時間耗費在公文往來之中，政府機關的行動遂比往日稽緩數倍。

4.中書專權：新制雖是三省並建，卻由中書單獨取旨，故中書省長官可透過取旨的機會，單獨參與國家政策以及政府人事的決定，從而獨專政柄。此所以元豐改制之後，事權多在中書之故。

5.重複置官：新制下與尚書六部、二十四司職掌同時並舉者尚有九寺、五監，彼此職掌頗多相同之處，如戶部與司農，主客與鴻臚，駕部與太僕，庫部與衛尉，工部與將作、軍器，水部與都水皆是，則重複置官已是不容否認之事實。

6.利權分散：元豐新制，凡支用錢物，吏、禮、兵、刑、工五部皆得自專；天下帳籍，亦不盡歸戶部；戶部職掌分為左右，然左曹隸尚書，右曹不隸。於是戶部雖當昔日之三司，既不能總制天下錢物之支用，亦不能盡知天下錢物之收入；戶部尚書雖當昔日之三司使，卻不得過問本部右曹之事。

7.失禮士方：舊制庶官之外，別加職名，所以厲行義、文學之士，亦是君主優禮臣工之一方法。元豐改制以「循名責實」為基本精神，館職既有名無實，遂罷庶官帶職之制，從而君主頓失禮士之良方。

㈡恢復「舊制」

元祐改制，最基本之目的，即在針對上述缺失加以彌補、改正。

元祐改制，固然大部分措施係針對顯而易見的缺失，提出補救之道，然而亦有若干措施不具此種性質，故其原因當於此之外尋求。神宗去世之後，哲宗以沖齡即位，高太皇太后聽政，與一班主政大臣如司馬光、呂公著、文彥博等，除對新法頗具敵意外，（後詳）對於新制似亦不懷好感。假若神宗以及參與元豐改制策劃工作之大臣們，對於唐六典規制與北周六官制抱有無限嚮往之情的話，那麼高太皇太后與元祐主政大臣們，對於「舊制」似亦抱有相當懷念之思。蓋祖宗成法既未見明顯之缺失，奈何任意加以變更？於是新制有缺失者固然改之而後快，無缺失者亦多恢復舊觀。

㈢爭奪權力

「爭奪權力」是政治人物行為的主要動機，古今中外皆然。元豐改制之時，參知政事蔡確為傾門下侍郎、平章事王珪之權，既主中書造命之說，又密語神宗曰：「三省長官位高，恐不須設，只以左僕射兼門下侍郎，右僕射兼中書侍郎，各主兩省事可也。」神宗納其說，珪、確各以左、右僕射分兼門下、中書侍郎。確為右相後，遂獨專政柄。（註四）哲宗繼統之後，確轉左僕射兼門下侍郎，為恐失權，又附和尚書左丞呂公著「三省共同取旨」之主張，促成元豐官制的第一項變更。（後詳）爭奪權力固為確先後兩次主張改制的主要動機，然而公著又何獨不然？僅僅是動機不若確那般明確罷了。

二、改制之內容

元祐以後的政制改革與「元豐改制」相較，最大的差異在於前者無整體性之規劃，後者則有之，職是之故，前者之內容遠較後者爲零散。爲分析之便，將零散之事件歸類，每類再分爲若干項，分別說明如下：

㈠機關組織與職權之調整：包括下列諸項：

1.三省共同取旨：元豐新制，兵事大者三省與樞密院共同取旨，小者由樞密院單獨取旨。（註五）民事則由中書取旨，門下覆奏，尚書施行。按「元豐改制」之後，左僕射兼門下侍郎爲首相，右僕射兼中書侍郎爲次相。中書獨取旨，則首相不復與朝廷議論，（註六）而政柄皆歸中書（次相），當時尚書右丞王安禮每憤懣不平，欲上其事，而力有所不能，直至元豐八年七月戊戌，呂公著被任命爲尚書左丞，於被命未受之際上書陳述此事謂：

「……先帝（神宗）臨御歲久，事多親決，執政之臣大率奉行成命，故其制在當時爲可行。今來陛下始初聽政理，須責成輔弼，況執政之臣皆是朝廷遴選，安危治亂均任其責，正當一心同力，集眾人之智以輔維新之政……。」（註七）

朝廷乃於同年十一月乙巳下詔：「三省合取旨事及臺諫章奏並同進擬，不專屬中書。」（註八）朝廷此舉，固然與呂公著之建議有關，（註九）然而蔡確由次相升首相後，爲恐失權，贊同改制，亦是重要原因。（註一〇）所謂「三省……並同進擬」，不僅包括首相與次相，且包括執政在內，（註一一）是則公著未及受尚書左丞之命即主張改制，未嘗不在爭取一己之議政權。

由於門下「覆奏」之本職不變，這項改制的批評者便以爲「門下相（即首相）凡事既同進呈，則不應自駁已行之命，是省審之職可廢也。」（註一二）對於這項批評，元儒馬貴與不以爲然，蓋三省共同奏事，取旨施行，事有不當，中書有舍人「留黃」，門下有給事中「繳駁」，省審之職實未曾廢。（註一三）

2.復置「平章軍國重事」：仁宗之世，呂夷簡曾拜司空、平章軍國重事，數日一至中書，裁決可否。（註一四）元祐元年四月，文彥博拜太師、平章軍國重事，三年四月，呂公著守司空、同平章軍國重事，皆序宰臣上，五日或兩日一朝，非朝日不至都堂。（註一五）

3.左右史，進奏院職事之更改：元豐六年，詔左、右史（起居郎、舍人）分記言動。元祐元年，詔起居郎、舍人依舊制不分記言動。又神宗朝制，邇英閣講讀罷，有留身奏事者，不許左、右史旁立。元祐七年，特詔許侍立。（註一六）熙寧四年，詔朝廷擢用材能、賞功罰罪事可懲勸者，中書、樞密院每月以事狀錄付進奏院，謄報天下。元祐初，罷之。（註一七）

4.樞密院舊職權與職官之恢復：文臣換武職，原由中書、樞密院同進呈取旨，改官制後歸三省。元祐三年二月，因樞密院之建言始復舊制。（註一八）同年四月，復置簽書樞密院事，初除皆帶樞密直學士，及罷政乃拜端明殿學士。（註一九）

5.復置宣徽院使：按宣徽使位尊而事簡，故或以樞密院官兼之，或以待勳舊大臣之罷政者。及官制行，以其贅疣，遂罷院而存使號。元豐六年，宣徽南院使王拱辰除武安軍節度使，自此遂罷使名。獨張方平領宣徽南院使致仕，哲宗即位，亦罷之。元祐三年，復置宣徽南、北院使，儀品恩數如舊制

。(註二〇)

6.復置翰林侍讀、侍講學士：元豐官制，去「翰林」二字及「學士」之名，以侍讀、侍講爲兼官。元祐七年，復置翰林侍讀、侍講學士。(註二一)

7.戶部職掌之調整：元祐元年閏二月，門下侍郎司馬光以利權分散，上奏主張：令戶部尚書兼領左右曹，諸州錢穀金帛隸提舉常平倉司者每月具帳申戶部，六曹及寺監欲支用錢物須先關戶部，舊日三司所管錢穀財用事散在五曹及寺監者並收歸戶部。朝廷遂詔尚書省立法。(註二二)七月，朝廷採納戶部建言，將(開封)府界、諸路、州、軍錢穀、常平等文帳，在京禮、兵、工曹所屬庫務文帳，並收歸戶部。(註二三)另外，五曹、寺監應干錢穀財用，以類相從，合關申，並歸戶部。(註二四)而戶部左右曹亦令尚書兼領。(註二五)天下利權遂歸爲一。地方錢穀既由中央之戶部主管，則諸路提舉常平等事官便遭裁撤之命運。(註二六)又戶部右曹侍郎因罷免役、常平、義倉等，事務簡少，遂兼領金、倉二部。(註二七)

8.裁減六部郎官員數並調整其職掌：元祐元年四月，御史中丞劉摯建議：尚書二十四司之職簡者及寺監之閑慢無益者，以往但有其名無其人，而今皆置官吏，可加以裁撤兼併。對於此項建議，三省僅提出尚書二十四司的精簡方案，而未及寺監。這一個爲朝廷所採納的方案，鑑於六部職事閒劇不等，決定司封、司勳、倉部、祠部、駕部、比部、水部各減郎官一員，裁撤膳部、庫部、司門、虞部四司，而以主客兼膳部，職方兼庫部，都官兼司門，屯田兼虞部，郎官總數定爲三十五員。(註二八)十月

，復置倉部郎中一員，專勾覆案並印發諸色鈔引。（註二九）

9.刑部組織與職權之調整：包括：

⑴元祐元年五月，因糾察在京刑獄司罷歸刑部後，無復申明糾舉之制，乃將昔日糾察職事委由御史臺刑察兼領，御史臺刑獄則由尙書省右司糾察。（註三〇）

⑵元祐元年五月，復置詳覆案，置行案二人，不行案二人，由本部舊人充任，專覆大辟。（註三一）

⑶元祐元年七月，用司馬光奏，勾覆帳籍工作歸於戶部（倉部）；三年，勾覆、理欠，憑由案及印發鈔引事，由倉部歸比部。（註三二）四年五月，罷元豐所設都官吏籍、配隸二案。（註三三）

10.御史臺組織與職權、規制之調整：元豐新制，殿中侍御史二人，以言事爲職；監察御史六人，以察案爲職。（註三四）元豐八年六月，呂公著以御史專察案司簿領之細過，廢國家治亂之大計，乞罷察案，只置言事御史四或六人；九月，劉摯又建言許六察御史言事，並察案如故。（註三五）十月，朝廷採折衷措施，裁減監察御史二員，餘許兼言事，殿中侍御史兼察事。（註三六）舊制，凡差除及更改事件到封駁司後，須於當日關報御史臺、諫院。新制，撥封駁司歸門下省爲封駁房，以「內省無關報外司之理」，遂罷關報之制。元豐八年十月，元祐元年閏二月劉摯兩度陳請恢復舊制，同年三月詔六曹遇此類事件，限門下畫黃到官署之時，關報御史臺。（註三七）元祐三年，改檢法官爲主簿。（註三八）又規定御史點檢三省文簿，須於限內了畢，不得展日。（註三九）

11.秘書省組織與職權之調整：元祐五年，移秘書省國史案置國史院，隸門下省，專掌國史、實錄，編修日曆。（註四〇）元祐六年，國史院置修撰官二員，內長官兼知院事，另置檢討官一員。（註四一）

12.寺監職官之裁減：元豐新制將寺監職掌一律恢復，遂與六曹職掌頗多重複之處，然彼時寺監官冗之弊尚非嚴重者，以寺監長貳多不並置，亦有無卿少而丞簿行其事之故；反而是元祐初，寺監舊不設卿丞者，紛紛列置，而一寺一監設二卿二長者，所在多有；元祐三年二月、五月，右正言劉安世、戶部侍郎蘇轍先後建言裁減。（註四二）朝廷納之，遂於五月下詔：太常、太僕、大理、司農、太府寺、國子監置長貳，餘寺監長貳並互置，省軍器監丞、太僕寺主簿各一員。（註四三）

13.大理寺組織與職權之調整：元豐新制，大理寺職務有二：左以斷刑，右以治獄。元祐元年正月，因右治獄業務甚少，乃將左右兩推併為一推，並裁減冗員。（註四四）三年五月，因鮮于侁之請，（註四五）遂罷右治獄，依三司舊例於戶部置推勘檢法官，治在京錢穀事。（註四六）

㈡人事方面的措施：包括：

1.復職事官帶職之制：元豐改制以館職有名無實而罷之，元祐元年三月乙酉下詔復之：

> 職事官許帶職，其班序雜壓依職事官，如職高於寄祿官，並以職為行、守、試……內尚書非學士除者，更不帶待制，俟二年加直學士；中丞、侍郎、給舍、諫議非待制除者，通及一年加待制；其見任職事官內舊帶待制以上職者，並還舊職……集賢殿修撰、直龍圖閣、直集賢院、直秘閣、集賢校理、〔秘閣校理〕已上職，今後內外官並許帶……。（註四七）

此詔一出，立即遭到御史中丞劉摯、左司諫王巖叟之反對，蓋元豐新制，待制、學士須給諫以上補外始除之，且係人主恩旨，非有必得之理，若以累日獲致，殊非重惜名器之意；又雖盡復館職，然未立選試之法，則所復者虛名而已。（註四八）六月，朝廷遂有補充與修正之規定：學士除尚書，學士、待制除侍郎並許帶職；中丞、給舍、諫議皆不帶待制，若除他官及外官者，侍郎至諫議並換待制，尚書換直學士，若為進擢、責降則不在此限。（註四九）十月，朝廷再公布館職選試之法：凡應試中館職者，選人除試正字，未陞朝官除校書郎，陞朝官除秘閣校理；正字供職四年，除秘閣校理，校書郎供職二年，除集賢校理；秘書郎、著作佐郎比集賢、秘閣校理，著作郎比直集賢院、直秘閣。（註五〇）往後館職又有所增，二年六月，置校對黃本書籍，比校書郎。（註五一）五年九月，置集賢院學士。（註五二）

2.寄祿官階分左右：元祐三年二月詔：寄祿官朝議、中散、正議、光祿、銀青光祿、金紫光祿大夫並置左右，進士出身及帶職者轉至左朝議、中散為二資，餘人轉至朝議、中散分左右為四資，正議至金紫並分左右為八資。（註五三）十一月，定左右中散大夫以二十員，左右朝議大夫以五十員為額。（註五四）四年十一月，又將範圍擴大，自承務郎以上至朝請大夫悉分左右，進士出身人加左字，餘人加右字，其遷轉、磨勘依現行條制。又加字左右，自寄祿官朝奉郎，職事官監察御史以上並給黃牒，餘職事官尚書省給劄子，寄祿官吏部給牒。（註五五）

3.縮小文武官給告之範圍：元豐官制，階官、職事官、選人入品者給告，無品者給黃牒（被勅除授或吏部奏授皆然）或降宣劄（樞密院差）。（註五六）元祐六年二月，以給告太多，遂命內外差遣及職事官本等內改易或再任者止給黃牒，小使臣亦止降宣劄，而不給告。（註五七）

4.減選人改官員額：吏部選人改官，元豐令每歲以一百四十人爲限。元祐二年二月，令每歲以一百人爲額。（註五八）

5.進士科加試詞賦：熙寧四年，始罷詞賦，專以經義取士，凡十五年。至元祐元年復詞賦，與經義並行。（註五九）

6.樞密都承旨改用文臣：元豐四年，客省使張誠一爲樞密都承旨，是爲都承旨復用武臣之始。元祐初，復以文臣爲都承旨。（註六〇）

7.置六曹權侍郎、尙書：元祐二年七月，置權侍郎，凡除諸行侍郎，如未歷中書、門下兩省及待制以上職者，並帶權字，敍班在諸行侍郎之下，雜壓在太中大夫之上，祿賜比諫議大夫，候及二年取旨。（註六一）三年閏十二月，置權尙書，俸賜依六曹侍郎守法，敍班在試尙書之下，雜壓在左右散騎常侍下，滿二年取旨。（註六二）

8.重定郎官與臺、諫資格：元豐官制，郎官理知州以上資任者爲郎中，通判以下資序者爲員外郎。元祐二年七月定制：郎官雖理知州資序，未曾實歷知州及監司、開封府推官者，止除員外郎。（註六三）又神宗朝，舉御史不拘官職高下。（註六四）元祐三年六月，因臺、諫多是新進，不甚更事，遂復舊制：司諫、正言、殿中侍御史、監察御史以升朝官通判資序，實歷一年以上人充任。（註六五）

9.減罷官、吏俸祿：依時間先後分爲下列三項：

⑴廢罷吏祿：熙寧三年以前，天下吏人素無常祿，惟以受財爲生，往往有因此致富者。熙寧三年始制定天下吏祿，而設重法以絕請託之弊。（註六六）元豐中，自尚書、侍郎至胥徒、府史與庶人在官者，咸制定其祿而增給其俸。（註六七）元祐元年五月，因熙寧所立重法與舊法規定不同，產生罪均刑異之不合理結果，遂罷重法而復用舊法，同時不行熙寧三年所頒的俸祿制度。（註六八）

⑵裁減武臣俸祿：元祐三年閏十二月詔：正任團練使、遙郡防禦使以上至觀察使並分大郡、次郡，凡初除大郡與領次郡者，俸錢各減四分之一，移大郡則全給；節度觀察留後、節度使分大鎭、次鎭、小鎭，俸錢遞減五萬。（註六九）

⑶裁減在京職事官職錢：元豐制，凡在京職事官皆給職錢，多寡以寄祿官高下分行、守、試三等，若不言行、守、試者，準行給。（註七〇）元祐四年二月，爲裁減在京職事官俸，以支行等職錢者寄祿官既高，則本俸自多，故去行字一等，行者只依守法，至於不帶行、守者亦依守法，若舊無行、守二等職錢者，依原定之數支給。（註七一）

10.更朝參之制：元豐官制，朝參班序分日參、六參、望參、朔參。元祐五年改朔參官兼赴六參。（註七二）

三、主政者之更迭與改制

所謂主政者，其對象包括宰相（左、右僕射，分兼門下、中書侍郎，尙書左、右丞，知、同知樞密院事）二者。自元豐八年五月起，至元祐二年四月止，兩年之內宰執之更動頗爲頻繁，茲將此一期間得勢與失勢者分列於下：（註七三）

1.得勢者：指此一期間內由他官升任宰執之人，包括：司馬光（元豐八年五月爲門下侍郎、元祐元年閏二月爲尙書左僕射兼門下侍郎）、呂公著（元豐八年七月爲尙書左丞、元祐元年閏二月爲門下侍郎、四月爲尙書右僕射兼中書侍郎）、呂大防（元祐元年閏二月爲尙書右丞、十一月爲中書侍郎）、范純仁（元祐元年閏二月同知樞密院事）、文彥博（元祐元年四月平章軍國重事）、韓維（元祐元年五月爲門下侍郎）、劉摯（元祐元年十一月爲尙書右丞）等七人。

2.失勢者：指原任宰執而於此一期間內遭罷免者，包括蔡確（元祐元年閏二月罷尙書左僕射兼門下侍郎）、章惇（元祐元年閏二月罷知樞密院事）、韓縝（元祐元年四月罷右僕射兼中書侍郎）、張璪（元祐元年九月罷中書侍郎）、李清臣（元祐二年四月罷尙書左丞）等五人。

值得注意者，得勢之七人中，除呂大防外，其他六人均曾於熙寧時代反對新法，即通稱之「舊黨」；而失勢之五人中，除韓縝外，其他四人皆爲新法之支持者，即通稱之「新黨」。尤其值得注意者，蔡確、張璪、李清臣三人均曾參與元豐官制的擘畫。按自神宗崩逝後，哲宗以沖齡即位，然所繼者僅爲皇位，大權實攬於高太皇太后手中。這位有「女中堯舜」美稱的太后，早在熙寧年間便曾向神宗泣訴：「（王）安石亂天下。」（註七四）一旦臨朝聽政，與一班反對之大臣合謀廢除新法，自是極合理之結果。這些人既對新法欲除之而後快，則於新黨所參與締造的新制自不可能抱有好感，何況新制本身施行起來流弊亦復不少。於是自從司馬光入朝執政之日起，元豐新制中，流弊較顯著者，首當其衝遭到改革的命運；與舊制有出入者，亦隨後恢復舊觀。朝廷既以除弊、復舊爲施政的重點，則不論新法的支持者或新制的擘畫者，皆不容許於大肆更革之際掣肘、反對，於是他們宰執的位置便不保了。

四、改制之檢討

吾人以爲元祐改制固然項目甚多，然而可以大體歸納爲四大類：復舊、除弊、減費與新創，以下即依此順序分別檢討之。

1.復舊：元祐改制的原因之一是復舊，已如前述，徵之實際情況，復舊不啻爲改制的核心工作，因爲除弊、減費的方法之一即是復舊。宋舊制有三省之名，無三省之實，平章事、參知政事與樞密院長貳（知、同知樞密院事或樞密使、副）各就民政與軍政分別取旨。元豐八年十一月，詔令三省共同取旨，乃元祐改制的先聲，於是神宗法唐六典所肇造新官制的最基本規制「中書省取旨，門下省覆奏，尚書省施行。」（註七五）澈底破壞，往昔由宰執取旨的方式復現。舊制三司掌天下財用，自熙寧變法以來，三司之職分而爲二，三司掌邦費，司農掌聚斂。元豐官制之行，析戶部爲左右曹，左曹即前日三司，右曹即前日司農。元祐元年，立戶部總財用法，以尚書兼領左右曹，實還熙寧前三司之職也。（註七六）其他如置「平章軍國重事」，左、右史不分記言動，置簽書樞密院事、宣徽使、翰林侍讀與侍講學士、刑部詳覆案，監察御史兼言事，（註七七）大理寺不治獄，職事官帶職，定臺、諫資格，皆是原原本本地復舊。至於句覆帳籍歸戶部，與昔日帳案隸三司無殊；移秘書省國史案置門下省國史院，又與舊時門下省置編修院相彷彿。（註七八）此其一。元祐改制處處以舊制為法，然而歷經一番大整理後，果恢復了熙寧前之舊貌？答案似是否定的。宋舊制，宰相掌民政，樞密掌軍政，三司掌財政，已具三權分立之色彩。元豐改制，宰相權力分由中書、門下、尚書三省掌握，三司廢罷，職權大都歸之於戶部，樞密院既得保存，朝廷之中隱然已是四權並存。元祐改制，三省共同取旨，在其長官相互兼領的情況下，三權又有合一之勢，此時謂之兩權分立應無大誤。又糾察在京刑獄職事委由御史臺兼領，本不同於昔時自成一司之制度。監察御史雖復言事，察案職掌仍然存而不廢。是皆與舊制相歧異者。所以然者，蓋於元豐官制三省、六部、御史臺、秘書省、九寺、五監之基本組織結構未更動下，復舊終有其限度。此其二。抑有進者，元祐復舊的諸項措施中，不乏可議之處。如置平章軍國重事，所以寵老臣碩德，（註七九）是則元祐復舊已難免因人設官之譏評。且宰相本是總領百官、輔弼天子之人，則其上不當復有貴官，（註八〇）可見元祐大臣但知復舊，而於體統之順否實未嘗顧及。又舊制未必皆屬可行，如臺諫資格限制，在當時即是極其嚴苛的條件，鮮有符合之人，乃不得不破格用人。（註八一）此其三。

2. 除弊：前述新制的七項弊端，其中中書專權、利權分散與失禮士之方三者，皆可於復舊的措施下獲得重大改善。至於敍遷太易與流品無別二者，在將大部分寄祿官階分左右後，亦得到相當之改善。唯獨行動稽緩與重複置官二弊，未見有效之改善。元祐三年十月，其時改制已歷時三載，無論復舊或除弊工作皆大部分完成，御史翟思等猶謂：

「……尙書省既以六曹分治政事，其下又各置寺監，凡文移之行於下者，朝廷既付尙書省，尙書省又付本部，本部又下寺監，寺監復下所領庫務，在下而達於上者亦然。蓋省部以下有寺監而不肯決其事，寺監以上有省部而不敢專其事，以故稽留迂枉不能亟決……若戶部之有司農，主客之有鴻臚，駕部之有太僕，庫部之有衞尉，工部之有將作、軍器，水部之有都水監，皆重疊置官……。」（註八二）

事實上終元祐之世，此二弊端仍然存在。其癥結似有二：一、裁撤重複之機構，將影響許多官吏的生路，朝廷不敢貿然從事。二、創立規模宏大的政治制度固有賴雄才大略的君主如神宗者，大刀闊斧地改革政治制度，亦非有膽識、魄力的君主不爲功。司馬光早逝，高太皇太后所能爲者，只是在現有的政府組織架構下，做些修改的工作罷了。

3. 減費：神宗時代，政府的財政措施以開源爲重點，所謂新法，多數皆以增加政府收入爲目的。元祐時代，既廢新法而不行，政府收入銳減，財政日益艱困。朝廷的應付方法是節流，一方面實施裁員，於是六曹郎官、寺監職官便先後遭到裁減的命運；另一方面實施罷祿與減俸，先罷天下吏人之祿，次減武臣俸錢，再減在京職事官中支行等者職錢。這些措施中罷祿與減俸引發了嚴厲之批評，謂「

公利所得不多，人心所失已甚」，蓋「減俸傷養廉之名，罷祿有縱貪之實」，於是「人情嗟怨，議論沸騰」。（註八三）

4.新創：元祐改制，並非全然復舊，亦有少許新創的成分。諸如寄祿官階分左右，品官內外差遣及職事官本等內改易或再任者給黃牒、小使臣降宣劄，置六曹權侍郎、尚書三項，既不同於元豐官制，又異於宋舊制。這些新措施之出現，雖基於除弊、簡便等不同之動機，然已使元祐改制呈現多樣化的風貌。

第二節　紹聖、元符改制（紹聖元年正月至元符三年正月）

一、改制之原因

關於紹聖、元符改制之原因，似有以下兩端：

㈠恢復元豐官制

元祐時代，若干支持新法、新制的官吏（即新黨）受到了排斥。這批人在哲宗親政之後，獲得了絕佳的報復機會，他們利用哲宗對父親神宗的孺慕以及對元祐大臣的怨懥，（註八四）極言元祐時代「子改父政」之非是。哲宗既不欲居不孝之名，恢復神宗之政便成為朝廷第一課題，於是熙寧新法、元豐新制紛紛廢而復行。

㈡爭奪權力

紹聖、元符時代一方面以「紹述」爲名，竭力講求新法與新制的恢復，另一方面大肆追究元祐大臣擅自變更法制的罪惡。然而紹聖、元符大臣所問者雖是元祐大臣變更「神考」法制之過，所行者卻是打擊一己政敵之實。蓋欲加罪元祐大臣，則復神宗之政誠爲最有效武器。就哲宗本人而言，恢復元豐官制是他實施改制的最重要，甚或唯一的原因。就一班元祐時代失意的官吏而言，爭奪權力才是他們主張改制的眞正原因，神宗官制既是不可易者，則元祐大臣自是有罪而應加譴罷，從而自身才有取而代之的機會。

二、改制之內容

㈠機關組織與職權之調整

包括下列諸項：

1.左右史、進奏院職事之復原：紹聖元年，採納御史中丞黃履之言，邇英閣講讀罷，有留身奏事者，不許左右史旁立，以遵先朝故事。（註八五）同年，詔令中書、樞密院凡擢用材能、賞功罰罪可爲懲勸者，逐月錄事狀付進奏院，謄報天下，如熙寧舊條。（註八六）

2.罷宣徽使：紹聖三年，議者言宣徽使官名雖復，而無所治之事，遂罷之。（註八七）

3.廢翰林侍讀、侍講學士：元符元年二月，去翰林及學士之名，僅存侍讀、侍講。（註八八）

4.釐正戶部右曹侍郎職掌：紹聖元年閏四月，復提舉常平等事官，（註八九）復行免役、義倉，六月，右曹侍郎恢復元豐官制所定職掌。（註九〇）三年正月，戶部右曹令侍郎專領，尚書不與。（註九一）

5.復置膳部、庫部、司門、虞部郎官與主客、職方、都官、屯田互兼職掌：紹聖元年，詔主客與膳部，職方與庫部，都官與司門，屯田與虞部，均互置郎中、員外郎兼領彼此之職掌。（註九二）

6.御史臺組織、職權與規制之調整：紹聖二年十二月，復置監察御史三員，分領六察，不許言事。（註九三）三年八月，用董敦逸奏，復置檢法官。（註九四）元符二年九月，納御史中丞安惇言，御史點檢三省文簿，許展日限，如元豐法。（註九五）

7.秘書省組織與職權之調整：紹聖元年閏四月，罷校對黃本書籍官。（註九六）二年，廢門下省國史院，其職掌歸秘書省日曆所，原有修撰官改爲修國史，以尙書、翰林充任，同修國史以侍郎以下充任。（註九七）

8.軍器監、司農、太府寺組織之調整：紹聖中，復置軍器監丞一員；司農寺罷主簿，添丞一員。元符元年，增太府寺丞一員。（註九八）

9.大理寺組織與職權之調整：紹聖二年七月，復置右治獄，依元豐例添置官屬。八月，用試大理卿路昌衡言，右治獄左右推事有飜異者互送，再有異者朝廷委官審問，或送御史臺治之。（註九九）

(二)人事方面的措施

包括下列各項：

1.罷庶官帶職之制：紹聖二年三月詔：職事官罷帶職，非職事官仍舊許帶，易集賢院學士爲集賢殿修撰，直集賢院爲直秘閣，集賢校理爲秘閣校理，見帶人並改正。（註一〇〇）元符二年十一月詔：見帶館職人除集賢殿修撰、直龍圖閣、直秘閣依舊外，如除職事官，校理以上轉一官，校勘減三年磨勘，校書減二年磨勘，並罷所帶職。（註一〇一）

2.寄祿官階朝請大夫以下不分左右：紹聖二年四月詔：寄祿官除正議大夫、光祿大夫、銀青光祿大夫分左右，朝議大夫、中散大夫亦仍舊存左右作兩資遷轉，以分雜、出身、無出身人，朝請大夫以下勿分左右。（註一〇二）

3.擴大文武官給告之對象：紹聖元年九月，中書舍人朱服以爲監司、郡守初除不給告，禮太薄。乃詔待制以上知州及帥臣、監司初除、再任並出告，尙書、侍郎、兩省、御史臺官外，餘官並監司本等內改易者，仍給黃牒。（註一〇三）元符元年十一月，以小使臣只降宣劄，失之於簡，遂依元豐法凡自承信郎以上皆給告。（註一〇四）

4.增選人改官員額：紹聖元年閏四月，復元豐改官員額，每歲毋過一百四十人。（註一〇五）

5.進士科罷試詞賦：紹聖元年五月，用左正言上官均議，進士科罷試詞賦，專用經義取士。（註一〇六）

6.除舉臺諫資格限制：元祐三年六月所頒之臺諫資格限制既形同具文，紹聖二年十二月，遂詔奏

舉臺諫毋限資序。（註一〇七）

7.增文武官俸祿：依時間先後分為：

(1)增給武官俸祿：紹聖二年六月，詔團練使、遙郡防禦使以上至節度使其俸祿並依元豐舊制。（註一〇八）

(2)在京職事官行等者復支本等職錢：紹聖三年九月，戶部侍郎吳居厚，以職事官帶行字者人數無幾，便支行等職錢亦所費有限，建議恢復元豐舊制，朝廷納之。（註一〇九）

8.復元豐朝參之制：元符元年七月，以朔參官兼赴六參，有失先朝分別等差之意，仍依元豐儀令分為日參、六參、望參與朔參。（註一一〇）

三、主政者之更迭與改制

元祐八年九月，高太皇太后崩逝，哲宗親政，然而宰執之更易卻是從次年——紹聖元年開始的。這一年之中，宰執更易之幅度甚大，茲將其間得勢與失勢者分列於後：（註一一一）

1.得勢者：李清臣（二月，為中書侍郎）、鄧潤甫（二月，為尚書右丞），章惇（四月，為尚書左僕射兼門下侍郎）、安燾（閏四月，為門下侍郎）、曾布（六月，同知樞密院事）。此外已去世之蔡確，先於四月追復右正議大夫，後於十一月追復為觀文殿大學士。

2.失勢者：呂大防（三月，罷尚書左僕射兼門下侍郎）、蘇轍（三月，罷門下侍郎）、范純仁（

四月，罷尚書右僕射兼中書侍郎）、劉奉世（五月，罷簽書樞密院事）。此外於七月奪司馬光、呂公著贈謚，王巖叟贈官。

在得勢之五人中，除安燾外，其餘四人皆是新法之支持者，其中李清臣又曾參與元豐官制之詳定工作。至於失勢之四人中，蘇轍、范純仁皆曾反對新法。紹聖元年，新法之支持者與新制之擘畫者既掌握了政權，於是在「紹述」的名義下，新法與新制紛紛恢復。大勢所趨如此，呂大防等人或於熙寧時代反對新法，或於元祐時代變更新法與新制，其不容於當道，亦理之必然。

四、改制之檢討

哲宗親政後改元「紹聖」，一班失意於元祐時代的官僚政客又復高唱「紹述」之說，則此一時期政治趨向已顯而易見。職是之故，紹聖、元符時期政制之更革誠然不少，然而一言以蔽之，皆在恢復神宗朝制度，特別是元豐官制。舉凡左右史、進奏院、戶部、御史臺、秘書省、寺監組織或職權之調整，罷宣徽使、翰林侍讀與侍講學士、庶官帶職、寄祿官階分左右、臺諫資格限制，擴大文武官給告之對象，進士科罷試詞賦，增文武官俸祿，更朝參之制，無不以神宗朝制度爲法。儘管如此，若將元祐（包括元豐末）與紹聖、元符時代各別所更動的制度一一比較，便可發現紹聖、元符改制並未完全推翻元祐所更動的制度。最明顯之一例即是三省共同取旨之制，竟不曾稍有更改。按三省共同取旨，出自呂公著之倡議，爲元祐改制之先聲，亦是對於神宗欽定規制之根本改變，何以事事唯元豐馬首是瞻的紹聖、元符改制，獨於此不加改革？原來此時章惇適任左僕射兼門下侍郎，假若恢復中書單獨取旨的制度，勢必將使得來不易之權力拱手讓人，於是元祐時代的這項首要變更便被原封不動地保存下來。（註一一二）又如元祐所創設之權尙書、侍郎，亦因同黨林希、李琮適居此職而不復改易。（註一一三）除此之外，若干項目的恢復元豐舊觀，亦非百分之百的還原。例如元豐寄祿官凡二十五階，均不分左右。元祐時除朝議、中散、正議、光祿、銀青光祿、金紫光祿大夫並置左右外，朝請大夫以下亦分左右。紹聖時罷寄祿官左右之分，唯以正議、光祿、銀青光祿大夫是六曹、左右轄（丞）細轉之階，元豐法有未盡之處，故仍保留左右之分，以爲補救；又爲分雜、出身及無出身人，朝議、中散大夫亦依舊存左右字。（註一一四）此其一。元豐制，命階官、職事官、選人入品者給告，無品者只給黃牒。元祐時以給告者太多，命內外差遣及職事官本等內改易或再任者只給黃牒。紹聖中令待制以上知州及帥臣、監司初除、再任並給告，尙書、侍郎、兩省、御史臺官外，餘官並監司本等內改易者，仍給黃牒。（註一一五）是則品官亦有給黃牒者，與元豐制度仍有差別。此其二。元祐時爲裁減六曹郎官，省膳部、庫部、司門、虞部不置，其職掌分由主客、職方、都官、屯田兼領，固與元豐官制不同。紹聖時雖復膳部等四司，然令其與主客等四司互置郎中、員外郎以兼領彼此之職事，終究有異於諸司並置、各行其職的元豐制度。此其三。紹聖時依元豐法度，先後增加武官俸祿，恢復在京職事官行等者本等職錢，卻未能恢復吏祿。此其四。吾人以爲紹聖、元符改制未能盡復元豐舊觀，除了牽涉到權力的因素外；更與元豐制度本身所存在的缺點有關，如寄祿官階若不分左右，則有敘遷太易、流品無別之弊，這些缺點顯然已爲哲宗君臣所承認。至於吏祿之不克恢復，當是受到彼時國家財政困難的影響。

結語

由以上之討論可以發現，元豐八年十一月至元祐八年十二月是元豐制度的更改時期，其實也就是宋舊制的恢復時期。此一期間內，新黨紛遭罷黜，而舊黨則取而代之掌握了政權。與政制、人物更迭相呼應者爲政策之變革，新法先後停罷，舊法逐一還原。從紹聖元年正月至元符三年正月是舊制的更改時期，亦是元豐制度的恢復時期。在此期間內，舊黨紛遭罷黜，責降，新黨則大權在握。同樣的，舊法先後廢止，新法逐一重現。這種種關係吾人可以與元豐時期（三年九月至八年十月）政制、政策、人物的更迭合而觀之，製成下表：

表二：北宋中期（元豐三年九月至元符三年正月）政制、政策與執政人物更迭表

時間＼項目	採用之政制	推行之政策	執政之人物
元豐三年九月至元豐八年十月	新制	新法	新黨①
元豐八年十一月至元祐八年十二月	舊制	舊法	舊黨②
紹聖元年正月至元符三年正月	新制	新法	新黨③

說明：

①舊黨司馬光、呂公著首於元豐八年五、七月分任門下侍郎、尚書左丞。

②新黨至元祐二年四月始全部去職。

③舊黨至紹聖元年五月始全部去職。

由上表可知，從元豐三年九月（一〇八〇）至元符三年正月（一一〇〇），短暫不足二十年之光陰中，國家政制凡歷三次大變動（至於政策、執政人物則只經歷二次變動）。造成這三次大變動的原因固不止於一端，然而權力鬥爭似乎是貫穿這些變動的根本因素。元豐時參知政事蔡確力贊神宗改制，實則欲借「中書造命」之說以奪宰相王珪之權。神宗既崩，確亦由右僕射兼中書侍郎遷左僕射兼門下侍郎。呂公著爲爭一己之議政權，首倡「三省共同取旨」之說，確恐失權，從而附和之，爲高太皇太后所納，遂開元祐改制之先河。哲宗親政後，一班失意於元祐時期之官吏，「託言紹神宗之政，蓋去君子者其本志，而『紹述』者其名也。」（註一一六）是則紹聖、元符改制，權力鬥爭色彩尤其濃厚。

臣僚角逐權力，固然是改制的基本原因，唯於君主專制時代，君主個人之好惡趨向更是改制的決定性因素。神宗對唐六典、北周六官規制之憧憬，高太皇太后對祖宗舊制之念念不忘，哲宗對其父親手所創元豐官制之崇仰，是新、舊制度用舍存廢的關鍵。吾國歷代王朝雖時有規模不等之改制，然而政制始終在君主專制的框框內打轉，其根本原因即在此。

綜觀哲宗朝的官制改革，吾人發現「財政」一直是個被重視的焦點，所以然者乃因宋代財政有一無法解決之難題，即養兵太多，耗去了國家百分之七、八十的經費。（註一一七）然而處於強敵環伺之情況，兵不可不養，欲經費寬裕，非另覓財源不可。神宗朝財政日有改善，其理即基於此。元祐大臣但知集中財政權於戶部，而不肯圖根本之謀。既不屑由「開源」之途以尋覓解決之道，遂不得不從「

節流」入手，而斤斤於官吏員額與俸祿之減罷。反之，紹聖、元符大臣雖將財政權再分爲二，又增給官吏俸祿，然繼承熙寧、元豐傳統，理財以「開源」爲先，較之前者似更中時弊。

續通志論趙宋官制有言：「蓋自元豐定制以後，屢議增損，然于大而分政任事之臣，微而筦庫監局之官，便于時政者，沿襲不革，猶存六典之遺也。」（註一一八）司馬光、呂公著、文彥博等人竭力恢復舊制，卻不能搖撼元豐官制三省、六部、御史臺、秘書省、九寺、五監的政府基本架構。而章惇、李清臣諸人紹述神宗之政，亦無法完完整整地還原元豐官制。蓋元豐官制流弊在於敘遷太易、流品無別、行動稽緩、中書專權、重複置官、利權分散等。元祐大臣所謀之對策，誠然牽涉甚廣，卻無須更動原有之政府架構。至於紹聖、元符大臣既知元豐官制非圓滿無缺，又受到權力等其他因素之影響，所紹述者便非原原本本的元豐官制了。神宗肇新官制，本以唐六典爲模範，在歷經兩次變革後，猶存唐六典之遺規乎？吾人以爲元豐官制既存樞密院而不廢，則神宗所締造之新制本與唐六典規制不盡相同。哲宗朝政制變革頗多，樞密院制度則基本上維持原狀。因此，若將樞密院制度略而不論，元祐或紹聖、元符改制後的政府組織仍不出唐六典之架構。

【附註】

註　一：請參閱金毓黻，宋遼金史（臺北：臺灣商務印書館，民國七十一年臺二版），頁四一—五〇；方豪，「王安石之變法與黨爭」，民主評論第五卷第十二期（臺北：民主評論雜誌社出版，民國四十三年六月）：頁五—十、三十。

註二：參閱本書第一章頁三一—五。

註三：宋・李燾，續資治通鑑長編（臺北：世界書局，民國七十二年四版），卷三二七，元豐五年六月乙卯條，頁七。

註四：同前註。並參閱元・脫脫等，宋史（臺北：鼎文書局，民國六十七年初版），卷四七一，蔡確傳，頁一三六九九；元・馬端臨，文獻通考，十通第七種（臺北：臺灣商務印書館，民國七十六年臺一版），卷五〇，職官考四，門下省，侍郎，按語，考四五八。

註五：文獻通考，卷五八，職官考十二，樞密院，按語，考五二四。

註六：宋・李心傳，建炎以來朝野雜記，景印文淵閣四庫全書，第六〇八冊（臺北：臺灣商務印書館，（民國七十三年出版）），甲集，卷十，官制一，頁一。

註七：續資治通鑑長編，卷三五八，元豐八年七月戊戌條，頁二。

註八：宋・李埴，皇宋十朝綱要，宋史資料萃編第一輯（臺北：文海出版社，民國五十六年臺初版），卷十下，神宗，頁六。續資治通鑑長編，卷三五八，元豐八年七月戊戌條，頁三謂：「後遂詔：『應三省合取旨事及臺諫章奏並同進呈施行。』（原註：公著以七月六日拜左丞，十一日上此議，今附見，不知得請果是何月日。）」詔書內容與引文極相似，推測應屬同一件事，故繫公著得請時間爲同年十一月乙巳。

註九：建炎以來朝野雜記與文獻通考（後者似取材於前者）均載「請令三省合班奏事，分省治事」者爲司馬光，見前書，甲集，卷十，官制一，頁一與後書，卷四九，職官三，宰相，考四五一。續資治通鑑長編、宋史、群書考索則謂呂公著建此議，見宋史，卷三三六，呂公著傳，頁一〇七七五；宋・章如愚編，群書考索，景印文淵閣四庫全書，第九三七冊，後集，卷四，官制門，頁一一。以後說較爲可信。司馬光於元祐元年曾有「上哲宗乞合兩省爲一」一疏未上而薨，見宋．趙汝愚編，宋名臣奏議，景印文淵閣四庫全書，第四三一冊，卷四七，頁一六—二十，或即是李心傳等以爲司馬光建此議之原因。

註一〇：參閱宋史，卷四七一，蔡確傳，頁一三六九九—七〇〇。

註一一：參閱宋史，卷三三六，呂公著傳，頁一〇七七五；卷四七一，蔡確傳，頁一三七〇〇。又由卷二一一，宰輔表二，知元豐改制以後，執政包括門下、中書侍郎，尚書左、右丞，知、同知樞密院事。

註一二：同註六。

註一三：參閱文獻通考，卷五〇，職官考四，門下省，侍中，按語，考四五六。

註一四：宋史，卷三一一，呂夷簡傳，頁一〇二〇九。

註一五：參閱宋史，卷一六一，職官一，頁三七七四；卷一七，哲宗一，頁三二二、六；文獻通考，卷四九，職官考三，宰相，按語，考四五二。宋史志、紀皆言呂公著「同平章軍國事」，通考則加重字。吾人以爲先有文彥博「平章軍國重事」，再令公著與之同，則所同平章者亦當爲重事。

註一六：參閱宋史，卷一六一，職官一，頁三七八〇；續資治通鑑長編，卷三六五，元祐元年二月辛未條，頁二四。

註一七：宋史，卷一六一，職官一，頁三七八一。

註一八：參閱續資治通鑑長編，卷四〇八，元祐三年二月辛卯條，頁一五。

註一九：參閱續資治通鑑長編，卷四〇九，元祐三年四月壬午條，頁一三；文獻通考，卷五八，職官考十二，樞密院，考五二五。

註二〇：參閱文獻通考，卷五八，職官考十二，宣徽院，按語，考五二六；宋史，卷一六二，職官二，頁三八〇六。

註二一：參閱建炎以來朝野雜記，甲集，卷一〇，翰林講讀學士，頁一三；宋史，卷一六二，職官二，頁三八一三；續資治通鑑長編，卷四七五，元祐七年七月癸巳條，頁三；卷四九四，元符元年二月壬辰條，頁二一。

註二二：宋名臣奏議，卷五八，百官門，六部，司馬光，「上哲宗論戶部錢穀宜歸一」，頁二一—三；並參閱續資治通鑑長編，卷三六八，元祐元年閏二月甲午條，頁二〇—一。

註二三：參閱清・徐松輯，宋會要輯稿（臺北：世界書局，民國六十六年再版），食貨五六，頁五七八五上；續資治通鑑長編，卷三八三，元祐元年七月己卯條，頁七。

註二四：續資治通鑑長編，卷三九一，元祐元年十一月乙卯朔條，頁一載：金部員外郎范鍔等狀云：「……近準朝旨，將五曹、寺監應干錢穀財用，以類相從，合關申，並歸戶部……。」至於此詔之下達時間則不詳。

註二五：戶部左右曹令尚書兼領，確爲元祐所更，見宋會要輯稿，食貨五六，頁五七八七下。至於更制時間，未見相關之記載。

註二六：參閱宋會要輯稿，職官四三，頁三三七六下。

註二七：參閱宋會要輯稿，食貨五六，頁五七八七。

註二八：參閱續資治通鑑長編，卷三七六，元祐元年四月癸丑條，頁九—一〇。

註二九：同前書，卷三八九，元祐元年十月戊子條，頁六。

註三〇：宋史，卷一六三，職官三，頁三八五八—九；宋會要輯稿，職官一五，頁二七〇四上。

註三一：參閱續資治通鑑長編，卷三七七，元祐元年五月甲子條，頁一五。

註三二：參閱宋史，卷一六三，職官三，頁三八六一。

註三三：參閱宋會要輯稿，職官一五，頁二七〇四上；宋史，卷一六三，職官三，頁三八六〇。

註三四：參閱宋會要輯稿，職官一七，頁二七三五下。

註三五：續資治通鑑長編，卷三五七，元豐八年六月癸未條，頁一五；卷三五九，元豐八年九月己酉條，頁一六。

註三六：宋史，卷一七，哲宗一，頁三二〇；卷一六四，職官四，御史臺，頁三七八一；並參閱宋．陳均，九朝編年備要，景印文淵閣四庫全書，第三二八冊，卷二四，頁三〇。

註三七：續資治通鑑長編，卷三二六，元豐五年五月丁亥條，頁一〇；卷三六〇，元豐八年十月庚辰條，頁一三—五；卷三七〇，元祐元年閏二月乙卯條，頁二五—六；卷三七二，元祐元年三月乙亥條，頁一四；皇宋十朝綱要，卷一二，頁二。

註三八：文獻通考，卷五三，職官考七，御史臺，主簿，考四八八。

註三九：參閱續資治通鑑長編，卷五一五，元符二年九月癸卯條，頁四，至於更制時間似未見相關記載。

註四〇：宋．李攸，宋朝事實，景印文淵閣四庫全書，第六〇八冊，卷九，官職，頁一八。

註四一：續資治通鑑長編，卷四五九，元祐六年六月甲辰條，頁一四。

註四二：參閱同前書，卷四〇八，元祐三年二月，右正言劉安世言，頁二五—六；卷四一〇，元祐三年五月丙午朔條，戶部侍郎蘇轍言，頁四—五。

註四三：同前書，卷四一一，元祐三年五月辛酉條，頁六。

註四四：參閱宋史，卷一六五，職官五，大理寺，頁三九〇〇；續資治通鑑長編，卷三六四，元祐元年正月辛丑條，頁一一。

註四五：參閱文獻通考，卷五六，職官考十，大理卿，考五〇六—七。

註四六：續資治通鑑長編，卷四一〇，元祐三年五月丁未條，頁六。

註四七：同前書，卷三七三，元祐元年三月乙酉條，頁一三。另據宋會要輯稿，職官五六，頁三六三二下—三上，增補「秘閣校理」一職。

註四八：劉摯、王巖叟之意見詳見續資治通鑑長編，卷三七三，元祐元年三月乙酉條，頁一三—六。

註四九：同前書，卷三七九，元祐元年六月庚子條，頁一八。

註五〇：同前書，卷三八九，元祐元年十月庚寅條，頁六。

註五一：參閱宋會要輯稿，職官一八，頁二七五八；宋史，卷一六四，職官四，秘書省，頁三八七五；宋・程俱，麟臺故事，景印文淵閣四庫全書，第五九五冊，卷二，職掌，頁一三。

註五二：續資治通鑑長編，卷四四八，元祐五年九月丁丑條，頁五。

註五三：同前書，卷四〇八，元祐三年二月癸未條，頁六—七。

註五四：同前書，卷四一七，元祐三年十一月丙辰條，頁五。

註五五：同前書，卷四三五，元祐四年十一月庚午條，頁一。
註五六：參閱同前書，卷三二五，元豐五年四月甲戌條，頁一一—二。
註五七：文獻通考，卷五一，職官考五，舍人，考四六五，引石林葉氏語。並參閱宋史，卷一六三，職官三，吏部，頁三八三三；續資治通鑑長編，卷四五五，元祐六年二月辛丑條，頁六；宋會要輯稿，職官一一，頁二六五六上。
註五八：宋史，卷一七，哲宗一，頁三三四；並參閱皇宋十朝綱要，卷一三，哲宗，頁五下。
註五九：文獻通考，卷三二，選舉五，舉士，考二九九。
註六〇：宋史，卷一六二，職官二，樞密院，頁三八〇一。
註六一：續資治通鑑長編，卷四〇三，元祐二年七月癸丑條，頁二。宋史，卷一六三，職官三，吏部，頁三八三三謂：「又置權侍郎，如未歷給事中、中書舍人及待制以上者，並帶『權』字。」與長編所述不同，可供參考。
註六二：續資治通鑑長編，卷四一九，元祐三年閏十二月庚申條，頁一四。唯宋會要輯稿，職官五六，頁三六三四下載：「滿一年取旨」，依權侍郎之例觀之，似長編所載較爲可信。
註六三：宋史，卷一六三，職官三，吏部，頁三八三二—三；並參閱續資治通鑑長編，卷四〇三，元祐二年七月癸丑條，頁二。
註六四：參閱宋史，卷一六四，職官四，御史臺，監察御史，頁三八七一。
註六五：續資治通鑑長編，卷四一二，元祐三年六月癸未條，頁二。
註六六：宋・江少虞，事實類苑，景印文淵閣四庫全書，第八七四冊，卷二七，官職儀制，吏祿，頁一二。

註六七：宋．王應麟，玉海，景印文淵閣四庫全書，第九四六冊，卷一三五，官制，祿秩，頁七二─三。

註六八：參閱續資治通鑑長編，卷三七七，元祐元年五月丁巳朔條，頁一─二；宋史，卷一七，哲宗一，頁三二二。

註六九：續資治通鑑長編，卷四一九，元祐三年閏十二月戊申條，頁四。

註七〇：宋史，卷一七一，職官一一，職錢，頁四一一四、一七。職錢之給似只限在京職事官，見同上，頁四一一二─四。

註七一：續資治通鑑長編，卷四二二，元祐四年二月癸卯條，頁二。

註七二：同前書，卷五〇〇，元符元年七月辛亥條，頁二。

註七三：關於得勢與失勢者的拜罷官名、時間係根據宋史，卷一七，哲宗一，頁三一九─二四。因舊黨之得勢始於元豐八年五月，新黨之失勢終於元祐二年四月，故只列舉此期間內拜罷之宰執。

註七四：參閱宋史，卷二四二，后妃傳上，頁八六二五─七；卷三二七，王安石傳，頁一〇五四八。

註七五：續資治通鑑長編，卷三二七，元豐五年六月乙卯條，頁七。

註七六：參閱宋．呂中，類編皇朝大事記講義，宋史資料萃編第四輯（臺北：文海出版社，民國七十年），卷一八，哲宗皇帝，立戶部總財用法，卷六─七。

註七七：宋舊制監察御史本無言事之禁，至神宗元豐中，以監察御史專領六察，遂無言責。續資治通鑑長編，卷三三四，元豐六年四月戊申條，頁一三載御史翟思言：「……台分言察，正欲使察官案法而治其稽違，而法所不及，理容可議，則責有在於言官……。」可為證明。又眞、仁宗時皆有言事御史之設，以兼諫職，足見監察御史兼言事係有宋舊制，參閱同上書，卷一五四，仁宗慶曆五年正月乙亥條，頁二。

註七八：參閱宋史，卷一六三，職官三，刑部，比部郎中、員外郎，頁三八六一；卷一六四，職官四，秘書省，日曆所，頁三八七七。

註七九：宋史，卷一六一，職官一，平章軍國重事，頁三七七四。

註八〇：文獻通考，卷四九，職官三，宰相，按語，考四五二。

註八一：參閱續資治通鑑長編，卷四四一，元祐五年四月癸卯條，頁一五以及卷四四五，元祐五年七月辛未條，頁四。

註八二：同前書，卷四一五，元祐三年十月戊戌條，頁一二。

註八三：同前書，卷四二五，元祐四年四月乙巳條，頁二，左諫議大夫梁燾言。

註八四：哲宗對神宗具孺慕之情應屬十分可能，一則年幼失怙之故，二則隨著年事之增長逐漸了解到其父為一大有為之君主。而哲宗之怨憤元祐大臣，變更神宗之政固然有關，范祖禹、劉安世輩諫乳婢事，尤令哲宗不快。參閱宋史，卷三三七，范鎮傳，頁一〇七九七、九；卷三四五，劉安世傳，頁一〇九五三—四。

註八五：參閱宋史，卷一六一，職官一，起居郎，頁三七八〇。

註八六：參閱同前，進奏院，頁三七八一。

註八七：同前書，卷一六二，職官二，宣徽院，頁三八〇七。

註八八：參閱續資治通鑑長編，卷四九四，元符元年二月壬辰條，頁二一。

註八九：宋會要輯稿，職官四二，頁三二七六下。

註九〇：同前書，食貨五六，頁五七八七。

註九一：同前，頁五七八七下。

註九二：參閱宋史，卷一六三，職官三，禮部，頁三八五二；兵部，頁三八五五；刑部，頁三八五九；工部，頁三八六二。

註九三：九朝編年備要，卷二四，頁三〇。

註九四：文獻通考，卷五三，職官七，御史臺，主簿，考四八八；宋史，卷一八，哲宗一，頁三四五。

註九五：參閱續資治通鑑長編，卷五一五，元符二年九月癸卯條，頁四。

註九六：宋會要輯稿，職官一八，頁二七六一上。

註九七：參閱宋朝事實，卷九，官職，頁一八；文獻通考，卷五一，職官五，中書省，考四六六；群書考索，後集，卷六，修撰，頁三〇。

註九八：宋史，卷一六五，職官五，軍器監，頁三九二〇；司農寺，頁三九〇五；太府寺，頁三九〇七。

註九九：宋史，卷一八，哲宗二，頁三四三；卷一六五，職官五，大理寺，頁三九〇一；宋會要輯稿，職官二四，頁二八九八上。

註一〇〇：宋會要輯稿，職官五六，頁三六三五下。時間係依據續資治通鑑長編拾補，卷一二，紹聖二年三月己未條，頁四，而訂正。

註一〇一：參閱續資治通鑑長編，卷五一八，元符二年十一月辛巳條，頁一三。

註一〇二：宋會要輯稿，職官五六，頁三六三五下—六上；宋史，卷一八，哲宗二，頁三四二。

註一〇三：文獻通考，卷五一，職官五，中書省，舍人，考四六五，引石林葉氏語；並參閱宋會要輯稿，職官一一，頁二六五六上。

註一〇四：宋史，卷一六三，職官三，吏部，頁三八三三、三八四一；並參閱續資治通鑑長編，卷五〇四，元符元年十一月己未條，頁四。

註一〇五：九朝編年備要，卷二四，頁一一。

註一〇六：文獻通考，卷三二，選舉五，舉士，考二九九；並參閱宋史，卷三五五，上官均傳，頁一一一八一；續資治通鑑長編拾補，卷一〇，紹聖元年五月甲辰條，頁四。

註一〇七：九朝編年備要，卷二四，頁三〇—一；宋會要輯稿，職官一七，頁二七五〇下。

註一〇八：參閱宋會要輯稿，職官五七，頁三六七五，續資治通鑑長編，卷四一九，元祐三年閏十二月戊申條，頁四。

註一〇九：參閱宋會要輯稿，職官五六，頁三六三六上。

註一一〇：續資治通鑑長編，卷五〇〇，元符元年七月辛亥條，頁二。

註一一一：得勢與失勢者的拜罷時間、官名皆依據宋史，卷一八，哲宗二，頁三三九—四一。

註一一二：參閱群書考索，後集，卷四，官制門，頁一一。

註一一三：參閱宋・楊仲良編，續資治通鑑長編紀事本末，宋史資料萃編第二輯（臺北：文海出版社，民國五十六年臺初版），卷一〇六，哲宗皇帝，常安民罷察院，頁一—二。

註一一四：參閱同前書，卷一〇〇，哲宗皇帝，紹述，頁九。

註一一五：宋於州、縣之上設有路，為監察區而非行政區，置經略安撫使、轉運使、提點刑獄公事、提舉常平，號「監司」

，皆由品官充任。

註一一六：明·陳邦瞻，宋史紀事本末（臺北：三民書局，民國四十五年四月初版），卷四六，紹述，頁三六六。

註一一七：參閱衣川强著，鄭樑生譯，宋代文官俸給制度，人人文庫（臺北：臺灣商務印書館，民國六十六年一月初版），頁六八。

註一一八：清·嵇璜、曹仁虎等，欽定續通志，景印文淵閣四庫全書，第三九四冊，卷一三〇，職官略，唐五代宋官制上，頁七。

第三章　徽宗朝之官制改革

北宋中葉以後政治制度屢有變更，神宗（一〇四八—一〇八五）將累朝弊制煥然更新，所謂「元豐改制」是也。然而神宗英年早逝，「元豐改制」遂成爲一未完成之事業。哲宗（一〇七六—一一〇〇）以沖齡繼統，高太皇太后聽政，元老大臣如文彥博、呂公著、司馬光等獲得重用，不僅未將元豐官制推而進之，反而依據舊制大肆修改元豐制度。哲宗親政，以「紹述」熙寧、元豐政事爲己任，在短暫六年餘的統御時光中，所能爲者不過是將已被修改的制度逐漸回復元豐風貌，而無暇及於其他。徽宗（一〇八二—一一三五）登極，年方十八，亦有意修熙、豐政事，二十六載的統治歲月，非但讓他有機會完成「神考」未竟之業，在蔡京等人的倡議下，官制改革更被推展到了極端。到底是那些因素促使徽宗君臣上下有志一同致力於官制改革？此其一。在同樣「紹述」的口號下，徽宗朝出現了那些官制改革措施？此其二。徽宗朝的官制改革於實際政治有何影響？時人對官制改革的反應如何？徽宗君臣標榜「紹述」，所採行的種種新制度究竟與元豐官制有何關係？上述三項問題，合而言之，即官制改革的檢討問題。此其三。故本章的主要內容分三部分，即徽宗朝官制改革之原因、內容與檢討。以下即分別說明之。

第一節　官制改革之原因

徽宗朝之所以進行官制改革，其原因似有以下四點：

一、**完成神宗未竟之業**：「元豐改制」誠然規模宏大，卻是一項未完成的工作，迄神宗崩逝，尚有「倉庫百司及武臣、外官未暇釐正」，（註一）神宗本人亦嘗論「（北周）蘇綽建復官制，上自朝廷，下至州縣，悉分為六曹，體統如一，今先自京師，候推行有序，即監司州縣皆可施行矣。」（註二）神宗改革官制，未能一氣呵成，其故安在？第一，官制改革有其輕重緩急的優先順序，即先自中央實施，待上軌道後，再推行於地方。終神宗之世，中央政務之處理一直不夠順利，（註三）地方政制之改革只有順延。第二，受到客觀環境的限制，中央機構亦有未曾恢復者，當時殿中省（此應即是前引文中所謂「倉庫百司」）便因「禁中未有其地」（註四）而不克復建。第三，神宗晚年健康情況不佳，永樂之敗，尤其令他意氣消沈，（註五）自官制改革大體完成後，神宗似已無心、無力再做進一步的改革。哲宗繼位，元祐是元豐官制的修改時代，紹聖、元符是元豐官制的恢復時代。由於主、客觀條件的限制，哲宗的「紹述」，不惟不能發揚光大元豐官制，即便是恢復性的工作亦無法澈底。（註六）職是之故，將元豐官制進一步推展的任務，便落於徽宗肩上。

二、恢復元豐制度：前曾述及紹聖、元符時代恢復元豐制度並不徹底，故元祐時之制度，至徽宗繼位之後，猶有若干留存者，如權尚書、侍郎官，文臣階官分左右等皆是。故一旦「紹述」成爲國事之重心，這些制度不容於當時，亦理之必然。又制度本身雖是不變的，但是運行制度的人卻是善變的，而制度所面對的環境又是多變的，因此元豐制度在歷經相當時日之後，已不可避免地發生一些變化，如給事中書讀職掌之廢弛，郎官資格之不復遵守等皆是。這種因人物、環境因素而導致之變革，與元祐大臣所實施之變革頗不相同，大體說來，前者屬非正式性質（即無法令依據），較不重要，亦不太爲人所重視，後者則反是。元豐制度中屬於後一種性質的變革，到了徽宗朝既被臣僚所察覺，亦成爲請求恢復原狀的另一對象。

三、徽宗個人之意願與偏好：徽宗於元符三年（一一〇〇）正月即位，四月即有「紹述」之意，徒以皇太后之故而未能宣示中外。（註七）七月皇太后還政，（註八）十月即下「紹述」詔，雖意在調和元祐、紹聖之人，然繼志述事之願已揭櫫國人；次年改元建中靖國，不過爲消弭朋黨形迹，「紹述」之志不曾稍有動搖。（註九）徽宗既早有「紹述」之意願，則往後致力於元豐官制的賡續、恢復工作，甚且穿鑿附會元豐官制而多所更張，亦不足爲奇。徽宗個人之意願固爲他推行官制改革的極重要原因，其個人偏好亦影響及於此項變革，如道職、道階之創設便與徽宗本人熱衷於道教有密切之關係。（註一〇）

四、臣僚爲爭奪、保持與擴張權力：古往今來無數政治人物的重要行爲動機即是爭奪、保持與擴張權力。詳言之，政治人物在未掌握權力前，常不擇手段以爭取之；掌握權力後，多竭盡所能以保持之；俟權力穩固後，又千方百計以擴張之。徽宗朝倡言「紹述」之絕大多數臣僚，其行爲動機皆可作如是觀。故建中靖國元年，當「紹述」逐漸形成國事之首要目標時，知樞密院事安燾即暗中警告徽宗：「紹聖、元符以來，用事者持『紹述』之虛名以誑惑君父，上則欲固位而快私讎，下則欲希進而肆朋附，并爲一談，牢不可破。」（註一一）試觀蔡京、鄧洵武所爲，便知燾所言誠不謬也。按蔡京覬執政之位久矣，既窺知徽宗意旨，遂由其黨羽鄧洵武力勸徽宗繼志述事，並作「愛莫助之圖」以獻，強調欲紹述先志，非相蔡京不可。徽宗爲其言所動，遂相蔡京。蔡京拜相後，鄧洵武亦屢遷官位，終至執政大臣。京、洵武既以「紹述」而得進用，爲謀固寵之計，遂以官制改革自任，將元豐官制推向了極端。其中蔡京因在位時間久，所推動之改革尤多。抑有進者，蔡京爲獨攬大權，更藉改革宰執制度之機會，更自身所居太師之位爲眞相之任，自稱公相，總治三省。（註一二）由是可見徽宗朝之官制改革，與臣僚之角逐權力實密不可分。

第二節　官制改革之內容

徽宗朝所爲之官制改革在內容上較之神宗朝尤進一步，神宗朝以中央官制與文官爲對象，徽宗朝則及於地方官制與武官，甚至連宦官、道官與醫官亦包括在內。爲分析方便起見，特將徽宗朝的官制改革分為兩大範疇，再於每一範疇內分項說明之。

一、機關組織與職權之調整：分就中央與地方兩部分探討之。

1.中央部分：包括以下各項措施：

(1)諫官案職權之擴大：（註一三）建中靖國元年十月，臣僚上言，以為諫官案不得向中外官司取索文字及會問事件，頗於言職大有妨闕。遂詔許諫官案關牒台察（御史台），取索文字。崇寧元年（一一〇二）八月，言者又謂上述措施仍有留滯與漏泄等弊，朝廷乃許諫官案直接向中外官司取索文字與會問事件。（註一四）

(2)置兩京宗正司：崇寧元年十一月，用講議司之建議，（註一五）於西、南兩京置外宗正司，擇宗室之資高者一人掌之。（註一六）

(3)置殿中監與內侍知省、同知、簽書官：崇寧二年二月，太府卿林顏按內藏庫，見乘輿御服雜然百物之中，乃乞復殿中監六尚官制以嚴奉至尊，徽宗遂出神宗所度殿中省圖，命三省行之，立殿中監尚食、尚藥、尚醞、尚衣、尚舍、尚輦凡六局，監、少監用文臣，六尚用宦者。五月，改入內內侍省都知為知省事，副都知為同知，押班為簽書。（註一七）

(4)置三衛郎：崇寧四年二月，中書省請擇公卿子弟執戟以衛軒墀，庶幾先王宿衛之意。遂置親衛、勳衛郎中各二十，翊衛郎中倍之，以勳戚及近臣親兄弟子孫有官者試充。另置三衛郎一員、中郎二員、博士二員、主簿二員，精選博士以教習之。旋改三衛郎為三衛侍郎。（註一八）

(5)置符寶郎：元豐官制行，符寶郎未嘗除人。大觀元年（一一〇七）十一月，八寶成，詔依唐六典增置符寶郎。（註一九）

(6)更宰執官名與職掌：政和二年（一一一二）五月，太師蔡京落致仕，三日一至都堂治事。（註二〇）時何執中任左僕射，蔡京爲達專權之目的，建議更宰執官名與職掌，徽宗納之，九月下詔，謂元豐官制「以僕臣之賤充宰相之任，六卿之職爲三公之官，（神宗）有志改爲，或未遑暇」，乃仿三代之制，改三師：太師、太傅、太保爲三公，「論道經邦，燮理陰陽，官不必備，惟其人，爲眞相之任」。至於舊三公，「緣司徒、司空周六卿之官……乃今之六曹尙書是也，太尉秦官，居主兵之任」，皆非三公之任，故合罷。另依周制立三孤：少師、少傅、少保乃次輔之位，「貳公洪化，寅亮天地，或稱爲三少，爲次相之任」。此外，尙書令因太宗曾任此官，且宰相之官已多，故而不置。舊官左僕射改稱太宰，右僕射改稱少宰，侍中改稱左輔，中書令改稱右弼。而三公既爲眞相之任，故總治三省事。因之，改制後蔡京雖仍居太師之職，且免書門下省事，然其權已凌駕太宰兼門下侍郎何執中之上，蓋公相（以三公而下兼宰相）權位已非尋常宰相可比擬。（註二一）宣和七年（一一二五）四月，蔡京罷領三省事，以太師致仕，少宰兼中書侍郎李邦彥爲塞京復相之路，重申元豐官制，復置尙書令，虛而不除，三公止爲階官，更不總領三省。（註二二）

(7)置知客省、引進、四方館、東、西上閤門事：政和二年十一月，因客省、引進、四方館、東、西上閤門使、副皆易以武階新名，遂置知客省、引進、四方館、東、西上閤門事以司其舊有職掌。（

註二三）

⑻罷勳官：政和三年二月，「以太平之世不欲用，議易之而未暇」，（註二四）遂罷勳官。

⑼定宮闈內省官制：政和三年五月，置尚書內省，分六司以掌外省六曹所上之事，有內宰、副宰、內史、治中等官及都事以下吏員。（註二五）

⑽恢復都堂爲宰執聚議之所：政和七年正月，遵元豐以來成憲，令宰執依舊常聚都堂，參決國論，延見百僚。（註二六）

⑾給事中書讀職掌之恢復：宣和元年，時吏惰不虔，凡命令之出於門下省，預列銜，使給事中書名，而徐塡其事，謂之「空黃」。以給事中張叔夜言，復行神宗官制，命令須經三省，諸房不得先次以空黃書讀。（註二七）

2.地方部分：包括以下各項措施：

⑴縣丞之增置與減罷：縣丞原只置於大邑，崇寧二年三月，用宰臣蔡京言，縣不分大小並置丞一員，使主管農田、水利、山澤之事。（註二八）大觀三年，御史中丞石公弼言吏員冗猥，戾元豐舊制，遂大省吏員，其中縣丞部分，於八月下詔：除舊額及萬戶以上縣分委是事務繁冗，以及雖非萬戶實有山澤坑冶之利可以興修者依舊存留外，餘令遂路轉運、提舉常平司同共相度聞奏。（註二九）

⑵更開封府官制：崇寧三年五月，納宰臣蔡京奏，開封府罷權知府，置牧一員，尹一員，專總府事；少尹二員，分左右，貳府之政事。牧以皇子領之。尹以文臣充，在六曹尙書之下，侍郎之上。少

尹在左右司郎官之下，列曹郎官之上。以士、戶、儀、兵、刑、工爲六曹次序，司錄二員，六曹各二員，參軍事八員。開封、祥符兩縣倣此置案。易胥吏之稱，略依唐六典制度。（註三〇）

⑶吏州縣官制：崇寧四年閏二月，令州縣仿尚書六曹分六案，各依六曹所主事務行遣，庶中外事體歸一。（註三一）

⑷四輔郡之置罷：宰臣蔡京謂汴都地平無險阻，以兵爲險，請依漢三輔置京畿四郡，以侍從官爲之。崇寧四年七月，遂以潁昌府爲南輔，襄邑縣爲東輔，鄭州爲西輔，澶州爲北輔，各屯兵二萬人，積貯糧草五百萬，未幾名東輔爲拱州。（註三二）五年，升澶州爲開德府。大觀四年，罷四輔。政和四年，復置四輔。宣和二年，再罷四輔。（註三三）徽宗朝四輔郡所以屢置屢罷，似與徽宗對蔡京心存疑慮有關，蓋蔡京以親密之人領之，難免啓人疑竇。（註三四）

⑸諸州曹掾官之設置、增員與減罷：崇寧四年雖令諸州仿尚書六曹設六案，然並未對官吏之設置爲統一之規定。大觀二年二月，詔依開封府例分曹置掾，先自四輔始，次行之諸州。（註三五）由於各州地大小，事繁簡不同，故所置員額多少不一。政和二年九月，尚書省擬定州府分曹建掾格目，爲稍緩吏部員多闕少之壓力，酌增員數，凡添五百四十一員，自次年正月一日施行。爲顯示各州曹掾官的設置狀況，依據該格目製成「政和二年州府曹掾官設置表」如下：

表三：政和二年州府曹掾官設置表

種類＼地方	河南府 大名府 應天府	大藩		餘州					
		繁難：共四處	繁難：共四六處	事繁：共一三處	事繁：共四〇處	事簡：共四〇處	事簡：共五二處	事簡：共四九處	事簡：共一四處
舊額	一一 九 一〇	九	七—八	七—八	六—七	六	五	四	一—二
今額	一五 一五 一五	一三	一〇	一〇	九	七	六	五	三
司錄參軍	一	一	一			一	一	一	
士曹參軍	一	一	一	一	一	一	一兼管左推勘公事	一兼儀曹管左推勘公事	一兼儀曹兼推勘公事
士曹掾	一	一兼儀曹	一兼戶曹管左推勘公事	一兼戶曹	一兼戶、儀曹				
戶曹參軍	一	一	一	一管左推勘公事	一管左推勘公事	一	一	一	一兼兵曹
戶曹掾	一	一	一						
儀曹參軍	一	一	一	一	一	一兼管左推勘公事	一		
儀曹掾	一		一兼兵曹管右推勘公事	一兼兵曹					
兵曹參軍	一	一	一	一管右推勘公事	一管右推勘公事	一		一兼工曹管右推勘公事	
兵曹掾	一	一兼工曹			一兼刑曹				
刑曹參軍	一	一	一	一	一兼檢法議刑	一兼管檢法議刑	一兼管檢法議刑	一兼管檢法議刑	一兼工曹兼管檢法議刑
刑曹掾	一	三分左、右管推勘公事、一員兼管檢法議刑	一兼工曹兼管檢法議刑	一兼工曹					
工曹參軍	二分左、右管推勘公事	一		一管檢法議刑	一	一兼管右推勘公事	一兼管右推勘公事		
工曹掾	二一員兼管檢法議刑								

此次所增員額，由於議者皆不以為然，其後復罷之矣。（註三六）

⑹正陪京官名：政和三年閏四月，中太一宮使兼侍讀鄧洵武以開封既依古制設牧尹之職，而河南、應天、大名府三陪京司局之稱多類天府，而知（府）、通（判）之號尚同列郡，非所以尊天子之別都也，建言依開封新制，置尹少之官。朝廷納之。（註三七）

二、人事方面之措施：包括下列各項：

1.館職之更名與增設：分為三部分：

⑴侍從官：徽宗朝觀文殿大學士至徽猷閣待制皆為侍從官，（註三八）其更異措施凡四：

①置顯謨閣學士、直學士、待制：建中靖國元年置之，崇寧元年，詔顯謨閣學士、直學士、待制如三閣故事，序位在寶文閣學士、直學士、待制之下。（註三九）

②置徽猷閣學士、直學士、待制：大觀二年二月，建徽猷閣，以藏哲宗御集，置學士等職。（註四〇）

③置延康殿、述古殿學士：政和四年八月，改端明殿學士為延康殿學士，樞密直學士為述古殿學士，恩數、品秩並依舊。（註四一）

④置宣和殿學士：政和五年四月，御筆置宣和殿學士，班在延康殿學士之下，以兩制充，聽旨除授，恩數依延康殿學士體例。後以犯紀年，改稱保和殿。（註四二）

⑵貼職：其更異措施有二：

①置右文殿修撰：政和五年四月，以集賢殿無此名，秘書省殿以右文爲名，改集賢殿修撰爲右文殿修撰。（註四三）

②增貼職六等：政和六年九月以前，貼職凡直秘閣、直龍圖閣、右文殿修撰三等。六年九月，以「天下人材富盛，趨事赴功者甚衆」，而貼職等數太少，不足以待多士爲由，增置直徽猷閣、直顯謨閣、直寶文閣、直天章閣、秘閣修撰、集英殿修撰，並舊爲九等。其遷授之次爲：直秘閣、直徽猷閣、直顯謨閣、直寶文閣、直天章閣、直龍圖閣、秘閣修撰、右文殿修撰、集英殿修撰。（註四四）

(3)道職：政和八年十月，置道職自沖和殿侍晨至凝神殿授經凡十一等，侍晨同待制，校籍同修撰，授經同直閣，授惟其人，無則闕之，無俸給人從。（註四五）

2.罷權尚書、侍郎官：崇寧元年八月，以權尚書、侍郎官係元祐所更，爲元豐官制所無，故罷之。（註四六）

3.寄祿階官之擴增：包括下列五部分：

(1)文臣：有關措施凡四：

①增選人七階：元豐寄祿格以階易官，唯選人未及革正，仍以幕職、令錄爲階官，以差遣爲職。如有知安州雲夢縣事而爲河東路轉運司勾當公事者，有河中府司錄參軍而監楚州鹽場者，淆亂紛錯。崇寧二年九月，刑部尚書鄧洵武極言之，並擬選人改換寄祿官辦法，朝廷納之。茲將新、舊官對照列示如下：（註四七）

新官	舊官
承直郎	留守、節察判官
儒林郎	節察掌書記、支使，防、團判官
文林郎	留守、節察推官，軍、監判官
從事郎	防、團推官，監判官
通仕郎	錄事參軍、縣令
登仕郎	知錄事參軍、知縣令
將仕郎	軍巡判官，司理，司法，司戶，主簿、尉

②更左銀青光祿大夫等十階名：大觀二年六月以前，寄祿官銀青光祿、光祿、正議、中散、朝議大夫沿元祐之舊皆分左右，徽宗以「寄祿官在神考時不分左右……若盡去之，則序爵制祿等級差少，人易以及」，令中書省謀兩全之策。六月二十七日，中書省擬定下列更換辦法：

新官	舊官
銀青光祿大夫	左銀青光祿大夫
光祿大夫	右銀青光祿大夫
宣奉大夫	左光祿大夫
正奉大夫	右光祿大夫
正議大夫	左正議大夫
通奉大夫	右正議大夫
中奉大夫	左中散大夫
中散大夫	右中散大夫
朝議大夫	左朝議大夫
奉直大夫	右朝議大夫

詔依擬定，其中有出身及帶職人更不轉中散、奉直大夫。（註四八）

③定朝議、奉直大夫員額：政和四年十二月，詔朝議、奉直大夫共以八十員爲額。（註四九）

④改將仕等三階名：政和六年十一月，以假板官行于衰世，不可循用，故假將仕郎去假字，假承務郎改爲登仕郎，假承事、承奉郎改爲通仕郎，以此三階奏補未出官人。舊將仕郎已入仕不可稱將仕，改爲迪功，舊登仕郎改爲修職郎，舊通仕郎改爲從政郎。（註五〇）

⑵武臣：有關措施凡四：

①創武階新名：神宗董正治官，肇建文階，武階則付之闕如，徽宗標榜「紹述」，故政和二年九月，下詔以階易官，茲將新階（官）與所換之舊官對照如下：（註五一）

新官	舊官
通侍大夫	內客省使
正侍大夫	延福宮使
中侍大夫	景福宮使
中亮大夫	客省使
中衛大夫	引進使
拱衛大夫	四方館使
左武大夫	東上閤門使

右武大夫
中亮郎
中衛郎
左武郎
右武郎
武功大夫
武德大夫
武顯大夫
武節大夫
武略大夫
武經大夫
武義大夫
武翼大夫
武功郎
武德郎
武顯郎

西上閤門使
客省副使
引進副使
東上閤門副使
西上閤門副使
皇城使
宮苑、左右騏驥、內藏庫使
左藏庫、東、西作坊使
莊宅、六宅、文思使
內園、洛苑、如京、崇儀使
西京左藏庫使
西京作坊、東西染院、禮賓使
供備庫使
皇城副使
宮苑、左右騏驥、內藏庫副使
左藏庫、東、西作坊副使

武節郎	莊宅、六宅、文思副使
武略郎	內園、洛苑、如京、崇儀副使
武經郎	西京左藏庫副使
武義郎	西京作坊、東西染院、禮賓副使
武翼郎	供備庫副使
敦武郎	內殿承制
修武郎	內殿崇班
從義郎	東頭供奉官
秉義郎	西頭供奉官
忠訓郎	左侍禁
忠翊郎	右侍禁
成忠郎	左班殿直
保義郎	右班殿直
承節郎	三班奉職
承信郎	三班借職
進武校尉	三班差使

進義校尉	三班借差

又以新創武階比元豐文階無極品之官，遂定太尉爲武階之首。（註五二）

②置拱衛郎：政和二年十一月，以四方館舊無副使員額，今既析司置屬，理不可闕，乃置拱衛郎在左武郎之上。（註五三）

③定中亮大夫等員額：政和四年八月，詔中亮、中衛大夫共十人，左武、右武大夫共十人，中亮、中衛、拱衛、左武、右武郎共三十人，定爲額。（註五四）

④增宣正大夫等十二階：政和六年十一月，以「今興事造功，能者輩出，而官名不足」以寵多士爲由，置宣正、履正、協忠大夫在中侍大夫上，翊衛、親衛大夫在拱衛大夫上，正侍、宣正、履正、協忠、中侍郎在中亮郎上，翊衛、親衛郎在拱衛郎上。（註五五）

(3)內侍：有關措施凡二：

①廢內侍寄資法：舊制，內侍若在內庭只許暗理資級，無恩數、俸給，謂之寄資，轉出方正授以所寄之官。崇寧二年五月，蔡京爲媚近習，定制昭宣使以下，正使以上，各繫眞官，俸給、恩數等並依本官，廢寄資法。（註五六）

②改內侍官名：元豐議官制，內臣張誠一有眷，數言事，內出誠一剳目送局（詳定官制所），請

改內侍官名。局官蘇頌、蔡京、王震、陳稹同奏事進呈，神宗顧左右曰：「此無內臣，祖宗爲此名蓋有深意，豈可輕議？」取劄子入御袖。政和時，鄭居中執政，爲報閹寺援引之恩，二年九月，因易武階而併改焉，凡十二階，與舊官對照如下：（註五七）

新官	舊官
供奉官	內東頭供奉官
左侍禁	內西頭供奉官
右侍禁	殿頭
左班殿直	高品
右班殿直	高班
黃門	黃門
祗候侍禁	祗候殿頭
祗候殿直	祗候高品
祗候黃門	祗候高班內品
內品	內品

祗候內品	祗候內品
貼祗候內品	貼祗候內品

除上列諸舊官名外，入內內侍省、內侍省官稱尚有六，其中內客省、延福宮、景福殿使所易同於武階，另宣慶使易爲中亮大夫，宣政使易爲中衛大夫，昭宣使易爲拱衛大夫。（註五八）

(4)醫官：措施凡二：

①更名：政和二年九月，改醫官名，共十四階，茲將新、舊官名對照於後：（註五九）

新官	舊官
和安、成和、成安、成全大夫	軍器庫使
保和大夫	西綾錦使
保安大夫	榷易使
翰林良醫	翰林醫官使
和安、成和、成安、成全郎	軍器庫副使
保和郎	西綾錦副使

保安郎	權易副使
翰林醫正	翰林醫官副使

政和五年四月，改翰林醫正爲翰林醫官。宣和元年二月，改保和大夫、郎爲平和大夫、郎。（註六〇）

②定和安郎以下員額：政和五年四月，定翰林醫官至和安郎共三十人爲額。（註六一）

(5)道官：措施凡二：（註六二）

①置道階：政和四年正月，置道階自六字先生至額外鑒義凡二十六等，視中大夫至將仕郎而不給俸。

②改定道階：政和八年十月，改定道階，自太虛大夫至金壇郎凡二十六等，同中大夫至迪功郎，以年勞遷授，無俸給人從。

4.重定官告之制

神宗朝告身綾紙褾軸循用仁宗皇祐舊格，蓋元豐改制名號雖異，品秩則同，亦未遑別定。大觀初，乃著新格，凡褾帶、網軸等飾，始加詳矣。凡文武官綾紙五種，分十二等。（註六三）

5.俸給制度之更革：（註六四）包括：

(1)貼職錢之立廢：大觀二年五月，戶部尚書左膚等以學士添支甚微，欲將添支改稱貼職錢，酌增其額，立定學士至直閣以上貼職錢數額如下：

觀文殿大學士	一百貫
觀文殿學士資政殿大學士	八十貫
資政殿學士端明殿學士	五十貫（內前執政加二十貫）
龍圖天章寶文顯謨徽猷閣學士樞密直學士	四十貫
龍圖天章寶文顯謨閣直學士	三十貫
龍圖天章寶文顯謨閣待制	二十貫
集賢殿修撰	十五貫
直龍圖閣秘閣	十貫

詔依所奏。宣和三年六月，戶部尚書沈積中、侍郎王蕃以為帶職官授內外差遣，自有寄祿官請受與本任添給，再支貼職錢，已是重複，顯屬太優，建言依元豐法施行而罷貼職錢。朝廷納之。（註六五）

(2)兼職者添給之支付標準：宣和二年六月，臣僚上言，元豐舊法，官吏除本職請給外，兼局雖多，只從一多給，凡在添給，不經有司勘給，不許直行判支；在京官吏多所違背，建議並依舊法施行。詔依所奏。（註六六）

6.復郎官資格限制

大觀三年九月，臣僚上言，元豐官制，六曹郎官如為通判以下資任人只除員外郎，大觀以後，往

往有違紊官制輒除郎中者，望降旨一依元豐官制施行。詔已除郎中者並行改正，今後並遵官制施行。（註六七）

7.更檢校官名

元豐改制，檢校官惟存三公三師。政和二年，改舊三師爲三公，不設檢校官。舊三公除太尉改爲武階之首，不設檢校官外，司徒、司空並罷。僅三少：少師、少傅、少保置檢校，若文臣加至檢校少師者則遷開府儀同三司，武臣加至檢校少師者則遷太尉。（註六八）

8.改命婦封號

宋沿前代之制，命婦封縣君、郡君。政和二年十二月，以「裂郡縣以稱君，蓋非婦道，又等級既少，重輕不倫，全無差別」爲由，改命婦封號如下：

孺人：通直郎以上初封

室人（後改爲安人）：朝奉郎以上封

宜人：朝奉大夫以上封

恭人：中散大夫以上封

令人：太中大夫以上封

碩人：侍郎以上封

淑人：尙書以上封

夫人：執政官以上封凡封命婦，隨其夫之官稱封之，武臣準此。若封母則隨其父官。夫、父、祖爵至公侯伯子男者，則隨其爵，如南陽縣開國男則稱南陽縣男令人，魏國公則稱魏國公夫人。（註六九）

9.「領」、「視」官之設與罷「視」官

元豐官制，除授職事官並以寄祿官品高下為法，凡高一品以上者為行，下一品者為守，下二品以下者為試，品同者不用行、守、試。（註七〇）崇寧中，吏部授選人差遣，亦用資序高下分行、守、試三等。政和三年，詔選人在京職事官，依品序帶行、守、試，其外任則否。宣和以後，官高而仍舊職者謂之「領」，官卑而職高者謂之「視」，故有庶官視從官，從官視執政，執政視宰相，而道官亦視文階。（註七一）宣和七年六月，議者以為視官非元豐法，不惟紊亂名實，亦蠹耗國用，遂詔罷之。（註七二）

第三節　官制改革之檢討

吾人對徽宗朝官制改革之檢討分三部分：一是檢討官制改革對實際政治之影響；二是檢討時人對於官制改革之反應；三是檢討徽宗朝所締造之新官制與元豐官制之關係與同異，亦即兩者之間的比較問題。以下即針對這三個問題分別探討之。

一、官制改革對實際政治之影響

徽宗朝所爲之官制改革對實際政治發生之影響約有下列三端：

1.姦臣專權

宋史姦臣傳載：

「崇寧元年……徽宗有意修熙、豐政事……拜（蔡）京尚書左丞，俄代曾布爲右僕射。制下之日，賜坐延和殿，命之曰：『神宗創法立制，先帝繼之，兩遭變更，國是未定。朕欲上述父兄之志，卿何以教之？』京頓首謝，願盡死。二年正月，進左僕射。京起於逐臣，一旦得志，天下拭目所爲，而京陰託『紹述』之柄，箝制天子。」（註七三）

按蔡京曾於元豐五年受命「同詳定官制」。（註七四）元祐初，司馬光秉政，復差役法，京知開封府，五日悉改畿縣雇役；紹聖初，反以戶部尚書身分施行熙寧雇役之法。（註七五）故蔡京之政治立場本搖擺不定，而其能以「紹述」襄贊者的身分入主大政，主要係基於黨羽鄧洵武之大力推薦。蔡京既以能助徽宗繼述先志而得用，則其執政之後恢復熙、豐政事，甚而將之推而廣之亦理所必然。從崇寧元年七月始，蔡京凡四度爲相：崇寧元年七月至五年二月，大觀元年正月至三年六月，政和二年五月至宣和二年六月，宣和六年十二月至七年四月。（註七六）值得注意者，蔡京前三度爲相之時正是官制改革的高潮時期（請參閱「徽宗朝官制改革項數與時間分佈圖」），因之官制改革與蔡京之間具有極密切的關係。事實上許多官制改革措施即出自蔡京本人及其黨羽之倡議。抑有進者，徽宗朝之官制改革起自建中靖國元年，迄於宣和七年，綿亙二十餘年之久。徽宗本人既早有「紹述」之志，何以於官制改革不能一氣呵成？吾人以爲蔡京本以「紹述」進，一旦主政，推行官制改革自屬必然。唯京之「紹述」本怙寵竊權之手段，官制改革固無完整之計畫，在位一日，則推行一、二項措施，在位時間愈長，則措施愈多。一朝去職，官制改革亦隨之停擺。因蔡京已被塑造爲唯一能協助徽宗繼志述事之人，只要徽宗「紹述」之心一日不衰，京雖罷政，亦終必有再起之時。是故，徽宗朝之官制改革，隨蔡京之罷政而中斷，又隨京之復出而恢復。

2.宦官勢張

徽宗朝宦官勢力顯赫，其原因部分可歸咎於官制改革，而官制改革所以促成宦官勢力之膨脹實基於以下三項因素：第一，崇寧二年二月，置殿中監尚食、尚藥、尚醞、尚衣、尚舍、尚輦六局，皆用宦者，「近侍遂有分職」，（註七七）「北司之盛自此始」。（註七八）第二，同年五月，廢內侍寄資法，昭宣使以下，正使以上各繫眞官，恩數、俸給皆得之，於是內侍之待遇與朝臣無異。又改都知爲知入內內侍省事，副都知爲同知，押班爲簽書，因之內侍之官稱亦與外官不殊。第三，政和二年九月，因易武階而併內侍官名改之，內侍階官與文武官俱稱大夫。宦官之待遇、官稱、寄祿階官皆同於文武臣僚，則童貫、譚稹、梁師成輩爲將爲相自不足爲奇。（註七九）事實上，徽宗朝宦官與若干大臣間常存有密切之互動關係，亦即大臣結閹寺以謀取相位，及其執政，乃透過官制改革以報答與取媚宦者

圖二：徽宗朝官制改革項數與時間分佈圖

※說明：橫座標下所繪之線係表示蔡京執政之時間。

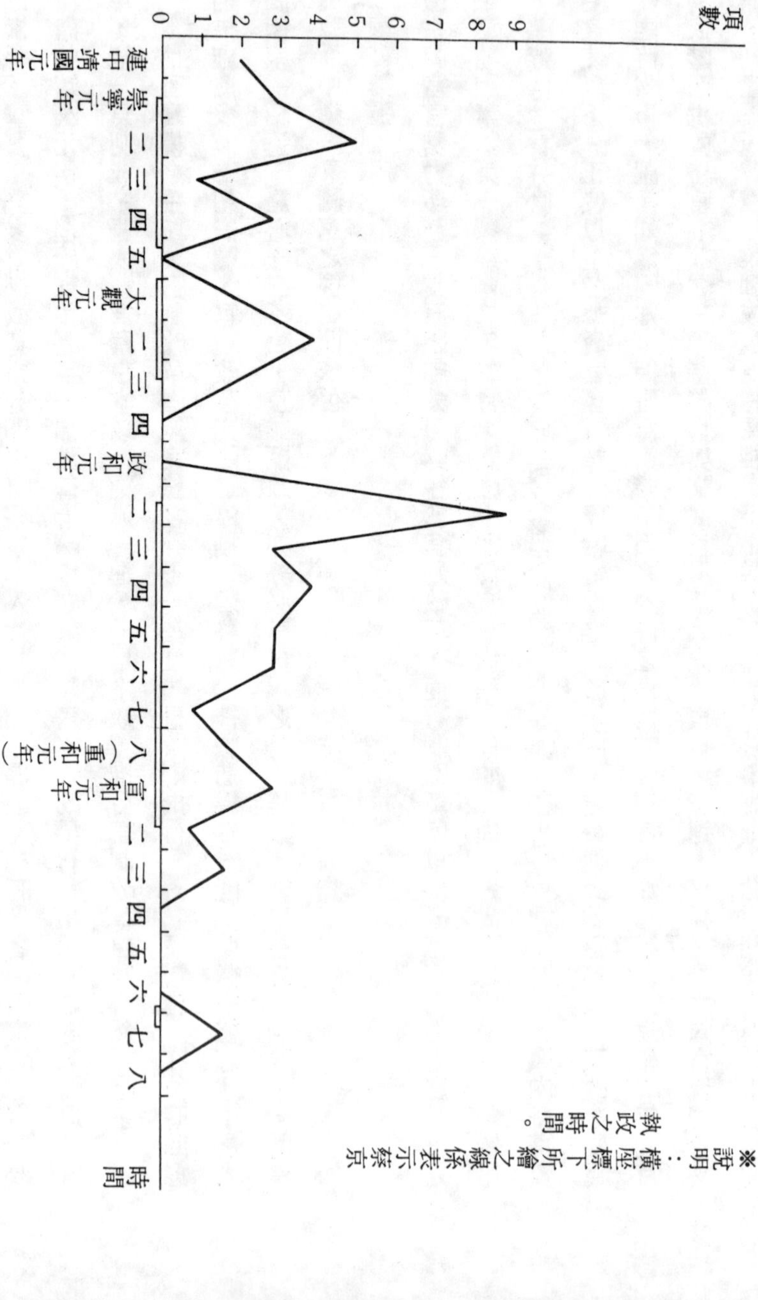

。是則徽宗朝宦官勢張有其更深刻之理由。

3. 名器浮濫

徽宗朝因官制改革而造成名器極端浮濫，特見之於下列諸項：

(1)貼職：史稱：「宋朝庶官之外，別加職名，所以厲行義、文學之士。高以備顧問，其次與論議，典校讎，得之為榮，選擇尤精。」（註八〇）至政和以後增修撰、直閣之名凡六，通舊共九等貼職，於是材能治辦之吏，貴游乳臭之子車載斗量，其名益輕。（註八一）

(2)武階：元豐改制，僅將文官更換寄祿官而未及武官，有兩種截然不同之解釋。一說以為神宗有志於此，卻不及實施。（註八二）另一說則認為高級武官（自閤門副使至內客省使，稱為橫行）與高級文官不同，不在磨勘遷轉之列，其除授皆出之特旨，故武官不以寄祿官易之者，有其深意也。政和間，創立武階，遂並橫行易之為轉官等級。自此以後，常調之官，下至皀隸，轉為橫行者，不可勝數。（註八三）抑有進者，文官稱郎、大夫，武官稱將軍、校尉，本秦漢以來之制度。元豐所訂文階，亦以郎、大夫為名。政和更制，欲以將軍、校尉易橫行以下諸使至三班借職，而西班用事者嫌其塗轍太殊，乃請改為郎、大夫，於是以卒伍廝圉玷汙此名。（註八四）武官稱郎、大夫，名固不正。易正使為大夫，副使為郎，郎有居於大夫之上者，此尤為可議。

(3)三公：政和更制，以太師、太傅、太保為三公，宣和以後，除授尤濫，「所授者皆非其人固不待言，而名體尤有未正者，蓋鄆王、肅王輩為之，是以子為師傅也，童貫為之，是以廝役為師傅也。

」（註八五）

(4)道階與道職：政和間，置道階二十六等，視（同）中大夫至將仕郎（迪功郎）；置道職十一等，同待制、修撰、直閣。道階與道職皆無俸給，然「黃冠道流，亦濫朝品」，（註八六）名器之濫可見一斑。

(5)醫官：元豐制度，醫官員額共四員，直局至祗候凡八階，並不立額。宣和中自和安大夫至翰林醫官（共十四階，視文官郎或大夫）凡一百十七人，直局（視陞朝官）至祗候凡九百七十九人。三年五月，詔改正之，「然竟不能循守也」。（註八七）

二、時人對於官制改革之反應

如上所述，官制改革對於實際政治之影響不可謂之不大，然而時人之反應卻似乎不甚激烈，其故安在？吾人認為主要的原因有二：第一，儘管批評者斥蔡京輕爵祿、變法度，（註八八）但是透過官制改革，一般官吏確實獲益匪淺。如擇公卿子弟以為三衛郎，增置縣丞、貼職，立貼職錢，武階並橫行易之為轉官等級諸項，官吏本人與其子弟皆因而蒙利。職是之故，反對蔡京者多，反對官制改革者少。第二，蔡京運用種種手段來壓抑人言，（註八九）特別是「御筆手詔」的運用，（官制改革措施透過「御筆手詔」發布者屢見不鮮）使士大夫對於時政噤若寒蟬，惟恐以言語惹禍。

三、新官制與元豐官制之比較

吾人將徽宗朝所爲之官制改革與元豐官制兩相比照，發現前者實可歸納爲四大類別，即：

1.恢復元豐官制者：計有恢復都堂爲宰執聚議之所，恢復給事中書讀職掌，更宰執官名與職掌（宣和七年），減罷縣丞，罷權尙書、侍郎官，廢貼職錢，兼職者添給之支付辦法，復郎官資格限制，罷「視」官等九項。

2.賡續元豐官制者：計有置殿中監，置符寶郎，更開封府官制，更州縣官制，諸州曹掾官之設置、增員，增選人七階，重定官告之制等八項，皆屬元豐之時未及爲之者。

3.引申元豐官制者：計有更宰執官名與職掌（政和二年），更左銀青光祿大夫等十階名，定朝議、奉直大夫員額，創武階新名，置拱衛郎，定中亮大夫等員額，增宣正大夫等十二階等七項，皆屬徽宗君臣附會元豐官制而採取的措施。

4.嶄新創造者：計有諫官案職權之擴大，置兩京宗正司，置內侍知省、同知、簽書官，置三衛郎，置知客省、引進、四方館、東、西上閤門事，罷勳官，定宮闈內省官制，增置縣丞，置四輔郡，正陪京官名，減諸州曹掾官，置顯謨閣學士、直學士、待制，置徽猷閣學士、直學士、待制，置延康殿、述古殿學士，置宣和殿學士，置右文殿修撰，增貼職六等，置道職，改將仕等三階名，廢內侍寄資法，改內侍官名，改醫官名，定和安郎以下員額，置道階，改定道階，立貼職錢，更檢校官名，改命婦封號，置「領」、「視」官等二九項，與元豐官制似無上述之三種關係，故不妨視為嶄新創造者。

徽宗朝本以「紹述」為國事之重心，於政制則唯元豐官制馬首是瞻，然細究其官制改革之內容，卻發現過半數之項目竟與元豐官制無關，若再將引申元豐官制者（此類措施不能確知神宗是否眞有意於是）除外，徽宗君臣「紹述」之成績實甚有限。

按「紹述」之事歷經哲宗紹聖、元符時期之施為，已大體將元祐所更動之元豐制度復原，是故徽宗於元豐制度之恢復工作原本有限。神宗在世之時雖未將官制改革一氣呵成，畢竟所遺不多，於是元豐官制之賡續工作亦不多見。反而是引申或附會元豐官制與嶄新創造者，佔有官制改革內容將近七成之眾。徽宗如是之不憚改作，果然將元豐制度完整地還原？加之以引申元豐官制與新創者，徽宗是否造就了一個與以往截然不同的新制度？吾人以為不但後一問題的答案為否定的，即便是前一問題亦然。元祐時期對於元豐官制之首要變更厥為「三省共同取旨」制度之確立，此一變更主旨在於杜絕元豐官制中書單獨取旨之流弊。迨及紹聖之時，章惇適居門下相（左僕射兼門下侍郎），懼其權之去，乃不果改。（註九〇）徽宗朝之蔡京在改宰執官名與職權前，任門下相凡六年餘，基於相同於章惇之理由，自不可能恢復中書單獨取旨之元豐規制。在改宰執官名與職權後，蔡京以太師總三省事。京致仕後，王黼先任門下相，後遷太傅，亦總領三省事。（註九一）總領三省事者，則於三省事無所不預，故京與黼皆無須恢復中書單獨取旨之制度即可達到專權之目的，神宗欽定之規制便被束之高閣了。人臣之行為動機既深深地為權力因素所左右，無怪乎「紹聖、崇寧以來，元祐政事無一存者，獨此法不變也。」（註九二）徽宗昌言「紹述」固未能令元豐官制完整地重現，神宗肇新官制時所疏略之制度，徽宗君臣亦未能加以增補。如東宮官屬之充實，本是神宗之世所不曾討論者，徽宗朝大改官制，卻於此一仍舊貫。（註九三）所以如此者，似因官制改革不過蔡京輩奪取與壟斷權力之手段而已，凡無助於此目的達成之措施，雖屬恰當，亦不肯爲之。

結語

韓非有言：「君無見其所欲，君見其所欲，臣自將雕琢；君無見其意，君見其意，臣將自表異。」（註九四）徽宗於元符三年正月即位，其「紹述」之心願早於四月即爲時任翰林學士承旨之蔡京所窺知，（註九五）往後建「崇（熙）寧」之號，正式表達「紹述」之決心。京之黨羽起居郎鄧洵武因對言「必欲繼志述事，非用蔡京不可」，並作「愛莫助之圖」以獻，以爲群臣中能助徽宗紹述先志者唯京而已，徽宗遂決意相京。（註九六）蔡京既以「紹述」襄贊者的姿態入主朝政，凡所措置皆以繼志爲言，然其實不過藉此爲怙寵專權之手段耳。官制改革爲「紹述」的重要課題，自亦不能例外。爲了鞏固權位，蔡京主政之時，官制必有所更革。爲了獨專政柄，蔡京又利用官制改革變更宰執官名與職權的機會，以太師總領三省之事，成爲宰相之上的貴官。

然而於專制政體下，大臣欲長期壟斷權力，僅憑一、二政策得君歡心尙有所不足，若能內結宦豎，外悅百僚，則權位可確保無慮。於是蔡京輩又在官制改革的旗幟下，設殿中省，廢內侍寄資法，更內侍官、階名稱，造成了宦官勢力空前之膨脹。為了取悅武臣，新創一批武階名稱，除了以大夫、郎之稱為武階新名以示文武無殊外，又並橫行易之為轉官等級。為了攏絡文吏，一方面普設縣丞，一方面設三衛郎、增置貼職六等，以處大臣子弟姻戚。（註九七）朝廷名器因之而浮濫。抑有進者，蔡京為防人議己，採取種種壓制手段，於是讜言不聞於上，忠義歎息於下。

吾人以為北宋官制似可粗分為三時期，神宗以前為一時期，神宗朝為一時期，神宗以後又為一時期。神宗法唐六典肇新官制，雖所更動範圍甚廣，但樞密院既維持不變，故仍保有兵民分政之祖宗舊制。哲宗元祐時期政制紛紛復舊，元豐官制三省、六部、九寺、五監、御史台、秘書省之架構卻未曾動搖。紹聖、元符時期依元豐官制以除舊佈新，受主客觀因素之限制，已不能令元豐官制完整地重現。徽宗一如哲宗以「紹述」自任，將已遭變更的元豐制度一一恢復，又將神宗所無暇改革之制度漸次樹立。除此之外，在蔡京之倡導下，徽宗朝出現了大量前所未見的制度，這些制度中少數為穿鑿附會元豐制度的產物，絕大多數則為與元豐制度無絲毫關係的新穎制度。史稱：「自元祐以逮政和，已未嘗拘乎元豐之舊」，（註九八）誠哉斯言也。徽宗標榜「紹述」，其中官制改革歷時二十餘載，所造就的竟是許多與元豐官制頗不相干的新制度。而其流弊所及如姦臣專權、宦官勢張、名器浮濫三者，於徽宗朝腐敗政治的形成應具有相當之影響。

【附註】

註一：清・徐松輯，宋會要輯稿（台北：世界書局，民國六六年再版），職官一，頁二三六七上。

註二：同前書，職官五六，頁三六二九下。

註三：宋・李燾，續資治通鑑長編（台北：世界書局，民國七二年四版），卷三二六，元豐五年五月辛卯條，頁十，載神宗語：「自頒行官制以來，內外大小諸司及創被差命之人，凡有申稟公事，日告留滯，比之舊中書稽延數倍，眾皆有不辦事之憂…。」至元祐元年此一現象仍未改善，司馬光始上「乞合兩省為一劄子」謀求改進，請參考宋・司馬光，傳家集，景印文淵閣四庫全書，第一〇九四冊（台北：台灣商務印書館，（民國七十三年出版）），卷五七，章奏四〇，頁二一—三。

註四：元・脫脫等撰，宋史（台北：鼎文書局，民國六七年初版），卷一六四，職官四，頁三八八一。

註五：宋史，卷一六，神宗三，元豐五年八月庚申條，頁三〇八，與續資治通鑑長編，卷三四八，元豐七年九月辛亥條，頁一六，卷三五一，元豐八年正月戊戌條，頁一，皆載神宗寢疾，足證神宗晚年健康不佳。後書，卷三三〇，元豐五年十月乙丑條，頁九，載永樂覆軍後，「上始知邊臣不可信，亦厭兵事，無意西伐矣。」

註六：請參閱本書第二章。

註七：參閱宋・陳均，九朝編年備要，景印文淵閣四庫全書，第三二八冊，卷二五，頁三六—七。

註八：宋史，卷一九，徽宗一，頁三五九。

註九：參閱九朝編年備要，卷二五，頁五九—六〇；卷二六，頁一、四。

註一〇：徽宗熱衷道教之情況，可參閱明・陳邦瞻，宋史紀事本末（台北：三民書局，民國六十二年），卷五一，道教之崇，頁四〇五—九。

註一一：九朝編年備要，卷二六，頁二〇—一。

註一二：參閱宋史，卷四七二，蔡京傳，頁一三七二二—三、二六；卷三二九，鄧綰傳，頁一〇五九九—六〇一；宋・楊仲良編，續資治通鑑長編紀事本末（台北：文海出版社，民國五六年），卷一二五，頁六—七。

註一三：元豐官制，中書、門下兩省各設一諫官案，以處隸於各該省的散騎常侍、諫議大夫、司諫、正言，請參閱宋會要輯稿，職官一，頁二三六八下。

註一四：宋會要輯稿，職官三，頁二四二五。

註一五：講議司置於崇寧元年七月，由蔡京以右僕射提舉之，係用熙寧三司條例司故事，設於都省，以「講議元豐已行法度及神宗所欲爲而未暇者」爲宗旨，而其研討之內容包括宗室、冗官、國用、商旅、鹽澤、賦調及尹牧七項。（九朝編年備要，卷二六，頁四〇—二）吾人以爲徽宗朝官制改革不若元豐改制有一專門機構（詳定官制所）負責規劃，其理由有二：其一，講議司所論者內容廣泛，官制只是其中一小部分。其二，徽宗朝官制改革工作延續二十餘年，而講議司於崇寧三年四月即撤銷，故絕大多數之改革皆與之無涉。宣和六年十一月再於尚書省置講議司，仍由蔡京領之，然此時官制改革已近尾聲，此一機構仍不能視爲徽宗朝官制改革的總策劃機構。（參閱宋史，卷一九，徽宗一，頁三六九；卷二二，徽宗四，頁四一五）

註一六：九朝編年備要，卷二六，頁五〇。

註一七：同前，頁五三—四，六一。

註一八：同前書，卷二七，頁一二。三衛侍郎原作三衛侍，據宋史，卷二〇，徽宗二，頁三七三以及宋・李埴，皇宋十朝綱要，宋史資料萃編第一輯（台北：文海出版社，民國五六年台初版），卷一六，頁一二改。

註一九：宋史，卷一六一，職官一，頁三七八一；卷二〇，徽宗二，頁三七九。

註二〇：宋史，卷二一二，宰輔三，頁五五二一。

註二一：參閱宋會要輯稿，職官一，頁二三五〇下—五一上；宋史，卷一六一，職官一，頁三七七〇；卷四七二，蔡京傳，頁一三七二二；元・馬端臨，文獻通考，十通第七種（台北：台灣商務印書館，民國七六年台一版），卷四八，職官考二，考四四五；續資治通鑑長編紀事本末，卷一二五，頁六—八。

註二二：參閱宋史，卷二一二，宰輔三，頁五五三〇—一；續資治通鑑長編紀事本末，卷一二五，頁八；宋會要輯稿，職官一，頁二三五〇下—五一上。

註二三：宋史，卷二一，徽宗三，頁三九〇；並參閱宋・章如愚，群書考索，景印文淵閣四庫全書，第九三七冊，後集，卷一二，頁二〇。

註二四：九朝編年備要，卷二八，頁一二；文獻通考，卷六四，職官考一八，考五八二。

註二五：參閱九朝編年備要，卷二八，頁一三；宋史，卷二一，徽宗三，頁三九一。

註二六：宋會要輯稿，職官一，頁二三四五下。

註二七：參閱宋史，卷一六一，職官一，頁三七七九；卷三五三，張叔夜傳，頁一一一四一；文獻通考，卷五〇，職官四，考四五八。

註二八：宋會要輯稿，職官四八，頁三四八二；並參閱宋・謝維新，古今合璧事類備要，景印文淵閣四庫全書，第九四〇冊，後集，卷八〇，縣官門，縣丞，頁一。

註二九：參閱宋史，卷三四八，石公弼傳，頁一一〇三二；宋會要輯稿，職官四八，頁三四八二。

註三〇：宋史，卷一九，徽宗一，頁三六九；卷一六六，職官六，頁三九四三。

註三一：宋史，卷二〇，徽宗二，頁三七三；宋會要輯稿，職官四七，頁三四二七上。

註三二：九朝編年備要，卷二七，頁一九—二〇。

註三三：宋史，卷八五，地理一，頁二一〇六；卷八六，地理二，頁二一二二。

註三四：續資治通鑑長編紀事本末，卷一二八，頁三。

註三五：參閱九朝編年備要，卷二七，頁三九；宋史，卷一六六，職官六，頁三九四三；皇宋十朝綱要，卷一七，頁三。

註三六：參閱續資治通鑑長編紀事本末，卷一二五，頁一一—三；九朝編年備要，卷二八，頁九。另皇宋十朝綱要，卷一八，頁一一載：宣和三年閏五月丙寅，裁定諸州所增置曹掾官，與文中所述，或即是同一事。

註三七：宋會要輯稿，職官五六，頁三六四五上。

註三八：同前，頁三六四六上。

註三九：宋史，卷一六二，職官二，頁三八二〇。

註四〇：同前註；九朝編年備要，卷二七，頁三九。

註四一：參閱宋會要輯稿，職官五六，頁三六四六下；九朝編年備要，卷二八，頁一九；皇宋十朝綱要，卷一七，頁十。

註四二：宋・不著編人，宋大詔令集（台北：鼎文書局，民國六一年初版），卷一六四，政事一七，官制五，置宣和殿學士御筆，頁六二七；九朝編年備要，卷二八，頁二三。

註四三：宋會要輯稿，職官五六，頁三六四六下；九朝編年備要，卷二八，頁二三；文獻通考，卷五六，職官考十，秘書監，考五一一。

註四四：參閱文獻通考，卷五四，職官考八，總閣職，考四九四—五；宋會要輯稿，職官五六，頁三六四七上；宋大詔令集，卷一六四，政事一七，官制五，增置貼職御筆，頁六二七。其中文獻通考載：「政和四年，二浙、福建諸路監司、郡守往往交通內官，多以應奉有勞遷職，遂有未嘗朝覲天子忽爲待制，班從官者。蔡京不樂，六年因增其目」是則此次增置亦出自蔡京之謀，惟語意含混，僅供參考。

註四五：參閱宋大詔令集，卷二二四，政事七七，道釋下，改定道階等御筆手詔，頁八六五；宋史，卷四六二，林靈素傳，頁一三五二八—九。

註四六：參閱宋・不著撰人，翰苑新書，景印文淵閣四庫全書，第九四九冊，前集，卷一四，頁二、七；宋史，卷一九，徽宗一，頁三六四。宋史只載罷權侍郎時間，翰苑新書則謂「權尚書…崇寧罷」，既罷權侍郎，則基於同一理由，權尚書自難獨存，故繫二者於同一時間。

註四七：宋史，卷一五八，選舉四，頁三七一一；卷一六九，職官九，頁四〇五四；並參閱宋會要輯稿，職官五六，頁三六三七下。

註四八：參閱宋會要輯稿，職官五六，頁三六三五下—六上、三六三九。
註四九：宋會要輯稿，職官五六，頁三六四六下；宋史，卷二一，徽宗三，頁三九四。
註五〇：參閱宋會要輯稿，職官五六，頁三六四七上；宋史，卷一五八，選舉四，頁三七一一。
註五一：參閱續資治通鑑長編紀事本末，卷一二五，官制，頁八—九。原書中亮郎舊官爲引進副使，既與中衛郎舊官重複，又與中亮大夫舊官客省使不類，茲依宋史，卷一六九，職官九，頁四〇五六，改爲客省副使。
註五二：宋會要輯稿，職官一，頁二三三五下。
註五三：同前書，職官五六，頁三六四四下。
註五四：同前，頁三六四六下。
註五五：參閱宋大詔令集，卷一六四，政事一七，官制五，橫行增宣正等職任御筆，頁六二七；皇宋十朝綱要，卷一七，頁一七；宋史，卷一六九，職官九，頁四〇五五—六。
註五六：九朝編年備要，卷二六，頁六〇。
註五七：續資治通鑑長編紀事本末，卷一二五，官制，頁九—十。
註五八：宋史，卷一六六，職官六，頁三九四〇。
註五九：續資治通鑑長編紀事本末，卷一二五，官制，頁十。
註六〇：參閱皇宋十朝綱要，卷一七，頁一三；宋會要輯稿，職官三六，頁三一二二下。
註六一：皇宋十朝綱要，卷一七，頁一三。

註六二：同前，頁一二，九朝編年備要，卷二八，頁一五—六；並參閱宋大詔令集，卷二二四，政事七七，道釋下，改定道階等御筆手詔，頁八六六五。

註六三：請參閱宋史，卷一六三，職官三，頁三八四二。

註六四：宋史，卷一七一，職官一一，頁四一一七謂：「崇寧間，蔡京秉政，吳居厚、張康國輩，於奉錢、職錢外，復增供給食料等錢。如京，僕射奉外，又請司空奉，其餘傔從錢米並支本色，餘執政皆然，視元豐制祿復倍增矣。」然其詳則不得而知，故略而不論。

註六五：宋會要輯稿，職官五七，頁三六七八下—九上、三六八二上。

註六六：同前，頁三六九九下—七〇〇上。

註六七：宋會要輯稿，職官五六，頁三六三九下—四〇上。

註六八：參閱宋會要輯稿，職官五六，頁三六四四下；文獻通考，卷四八，職官二，三公總序，考四四四以及卷六四，職官一八，檢校官，考五八二—三。

註六九：參閱宋大詔令集，卷一六四，政事一七，官制五，改命婦封號御筆，頁六二六—七。

註七〇：續資治通鑑長編，卷三一八，元豐四年十月庚辰條，頁一三。

註七一：宋史，卷一六九，職官九，頁四〇六〇。

註七二：宋會要輯稿，職官五六，頁三六五一上。

註七三：宋史，卷四七二，蔡京傳，頁一三七二二—三。

註七四：宋會要輯稿，職官五六，頁三六三一。
註七五：宋史，卷四七二，蔡京傳，頁一三七二一—二。
註七六：參閱宋史，卷二一二，宰輔三，頁五五一三—三〇。
註七七：續資治通鑑長編紀事本末，卷一二五，官制，頁十。
註七八：皇宋十朝綱要，卷一六，頁六。
註七九：童貫諸人爲將相請參閱九朝編年備要，卷二九，頁一二—三。
註八〇：宋史，卷一六二，職官二，頁三八一八。
註八一：宋．洪邁，容齋隨筆，景印文淵閣四庫全書，第八五一冊，卷一六，館職名存，頁五。
註八二：徽宗與蔡京等人即持此一看法，政和二年九月癸未所下創武階詔即謂：「在昔神考，董正治官，肇建文階，以祿多士…而武選官稱，循沿末世，有志未就，以迄於今…。」見續資治通鑑長編紀事本末，卷一二五，官制，頁八。
註八三：參閱宋史，卷四四五，程俱傳，頁一三一三七。
註八四：容齋隨筆，續筆，卷一一，武官名不正，頁七。
註八五：文獻通考，卷四八，職官二，三公總序，考四四四。
註八六：宋史，卷一六一，職官一，頁三七七〇。
註八七：容齋隨筆，三筆，卷一六，醫職冗濫，頁五—六，並參閱宋會要輯稿，職官三六，頁三一一二下。
註八八：宋史，卷四七二，蔡京傳，頁一三七二五。

註八九：依據崇寧五年二月太廟齋郎方軫論蔡京時所說，其方法有一、以謗訕詆誣恐嚇天下人；二、久虛諫院不除人，自除門人爲御史；三、阻止執政官留身奏事。（參閱宋宰輔編年錄，卷一一，頁四六—八）關於「御筆手詔」之種種請參閱宋史，卷四七二，蔡京傳，頁一三七二六。

註九〇：群書考索，後集，卷四，頁一一。

註九一：參閱宋史，卷二一二，宰輔三，頁五五一四—三〇；宋會要輯稿，職官一，頁二三五〇下—五一上。

註九二：群書考索，後集，卷四，頁一一。

註九三：參閱文獻通考，卷六〇，職官一四，引朱子語錄，考五四八；宋史，卷四二九，朱熹傳，頁一二七六〇。

註九四：周．韓非撰，元．何犿註，韓非子，景印文淵閣四庫全書，第七二九冊，卷一，主道第五，頁一五。

註九五：參閱九朝編年備要，卷二五，頁三五—六。

註九六：宋史，卷三二九，鄧綰傳，頁一〇六〇〇。

註九七：參閱文獻通考，卷五四，職官八，考四九四—五。

註九八：宋史，卷一六一，職官一，頁三七七一。

第四章　欽宗朝之官制改革

欽宗（一一〇〇—一一六一）爲北宋最後一位君主，宣和七年（一一二五）十二月即位，靖康元年（一一二六）閏十一月金兵攻陷汴京，次年五月康王即位於南京，故其統御時間極其短暫。在面臨强敵大舉入侵的危急存亡關頭，欽宗朝的政治制度亦出現了若干改革。這些改革究竟因何而產生？其內容若何？對於實際政治影響如何？與祖宗舊制以及元豐官制間又有何種關係？這是本章所欲探討的幾個問題，以下分爲三節說明之。

第一節　官制改革之原因

吾人以爲欽宗朝之所以要進行官制改革，其原因似有下列三點：

一、**救亡圖存**：欽宗即位之時，金人已開始南侵，宋人既無力抵抗，未幾京師便陷入敵軍的包圍之中。在此情況下，救亡圖存便成爲欽宗君臣最重大的課題。爲了達成救亡圖存的目的，政治制度不可不妥為因應。然而政治制度當如何因應始能振衰起弊呢？欽宗朝採取之途徑不外：第一，廢除舊制度：即廢除最引人詬病的制度，以爭取臣民的向心力。第二，建立新制度：以便於軍事行動之開展以及財政收入之增加。第三，節省支出：或則裁撤無關緊要的機關，或則裁減過多的員額，或則削減官吏之俸額，以便減少財政之支出。

二、恢復祖宗舊制：欽宗之世，國難方殷，檢討變亂之所由來，祖宗舊制受到破壞、更改不失為一重要原因，故靖康元年元月、二月，兩度下詔遵奉祖宗舊制。（註一）甚且為了討論祖宗舊制中何者宜於今而適於復行，四月特設詳議司專領其事，由宰臣李綱、吳敏、徐處仁提舉之。此一機構雖由於反對者眾多而於次月罷局，（註二）恢復祖宗舊制之行動卻未嘗因此而受阻，欽宗朝官制改革，若干項目之直接原因即在恢復祖宗舊制。

三、恢復元豐官制：徽宗朝官制變革頗多，在「紹述」的大政方針之下，出現了四種類型的制度，即恢復、賡續、引申元豐官制以及新創者。（註三）這四類制度中，第四類固不必論，第二、三類皆屬可議。此乃因元豐官制一經賡續與引申，往往是畫蛇添足，終究不是元豐官制的原始面貌。針對第二、三類制度，欽宗朝所採取的措施即是恢復元豐官制的固有形態。

值得注意者有二：其一，欽宗朝官制改革的原因中，二、三項間本存有矛盾關係。亦即澈底地恢復祖宗舊制，元豐官制勢難並存；反之，恢復元豐官制完整面貌後，祖宗舊制恐已所剩無幾。儘管改制原因間存有如是之關係，但是只要二者皆在有限的範圍內進行，自然可以同時並存。其二，第一項原因可謂最根本者，二、三項原因未始不是基於救亡圖存的迫切需要，不過為了更確切掌握改制的原因，特將三者一併列舉出來。

第二節　官制改革之內容

為了分析方便起見，吾人將欽宗朝官制改革之內容分為二大類別，再於每一類別中分項說明之。

一、機關組織與職權之調整：包括下列各項：

㈠重新確立三省、樞密院之職掌：元豐官制，民政由中書省取旨，門下省覆奏，尚書省施行；兵政大事三省與樞密院同議進呈取旨，付樞密院行之，小事樞密院獨取旨，行訖，關三省。（註四）自徽宗崇寧、大觀以降，「御筆手詔」大行，凡有中旨，皆降御筆，三省、有司奉行不暇，雖有違戾法憲，不敢執奏。（註五）欽宗即位後，為懲斯弊，先後於靖康元年正月三日、十四日，三月二日三次下詔，遵照元豐官制有關三省、樞密院職掌之規制施行。至於批降處分，以御筆付出者，亦明詔依一般詔旨程序處理。（註六）

㈡復走馬承受制度：宋制，走馬承受諸路各一員，隸經略安撫總管司，皆以內侍為之，隨軍承受奏報文書。徽宗政和六年，改為廉訪使者，任斯職者多預軍旅、刑獄之事。靖康元年正月，詔罷廉訪使者，依祖宗舊制，復為走馬承受。為使之有所隸屬，七月又詔：諸路走馬承受並依祖宗法，帶某路

某司走馬承受。(註七)

㈢裁減機關、官吏：所裁減之機關包括：1.靖康元年正月，除後苑作製造御前生活所外，其餘一切非屬熙寧、元豐制度之官司局所皆罷之，凡一〇五處。(註八)2.正月，罷殿中省六尚局。(註九)3.二月，罷官告院法物庫。(註一〇)所裁減之官吏包括：1.二月，省殿中監及符寶郎。2.五月，減罷后妃、帝姬宮教授。(註一一)3.五月，用監察御史胡舜陟言，裁省閤門各職。(註一二)4.提舉修敕令詳定官七員減為三員。(註一三)

㈣御史台職權之調整：宋監察御史以言為職，得論政事，擊官邪。至徽宗崇寧間，大臣欲其便己，遂變更舊制，監察御史乃有不言事者。靖康元年，監察御史胡舜陟謂：多事之秋，以開言路為急，乞御史台增入監察御史言事之文，以復祖宗之制。二月，朝廷納之。(註一四)三月，用監察御史余應求言，東、西上閤門、客省、引進、四方館復歸御史台監察。(註一五)唯次月卻以上述五機構同屬殿庭應奉，依祖宗法改歸中書省監察。(註一六)

㈤置都總管府：靖康元年九月，建三京及鄧州為都總管府，分總四道兵，以北京留守趙野等為四道都總管。(註一七)

二、人事方面之措施：包括下列各項：

㈠樞密參用武臣：元豐改官制，武臣不為二府(宰執與樞密)。靖康元年正月，以用兵之故，乃除种師道同知樞密院事。(註一八)

㈡降內侍轉出換官等級：徽宗政和二年九月，易內侍階官名稱，其中最高六階通侍、正侍、中侍、中亮、中衛、拱衛大夫，與武臣太尉（最高階）以下六階雷同。為裁抑內侍，靖康元年二月，詔內侍轉出或致仕者，通侍大夫換武功大夫，正侍至中侍換武德大夫，自餘以差降等，原帶遙郡者悉去之，其已轉出者，依此改正，仍今後內侍轉出並至武功大夫止。（註一九）

㈢嚴遙郡承宣使遷正任法：宋制，承宣、觀察、防禦、團練使、刺史未落階官者為遙郡，除落階官者為正任。因遙郡、正任待遇懸殊，自遙郡遷正任者，須次第轉行。靖康元年二月，臣僚上言：「…今自遙郡與落階官而授正任，直超轉本等正官，是皆姦巧希進躐取。乞應遙郡承宣使有功勞除正任者，止除正任刺史。」朝廷納之。（註二〇）

㈣減大臣俸給、支賜：靖康元年四月，減宰執俸給三分之一及支賜之半。太尉、正任節度使奉錢、衣賜、傔人、奉馬，權支三分之二。（註二一）

㈤科舉復用詩賦：靖康元年四月，詔科舉依祖宗法以詩賦取士，禁用莊老及王安石字說。（註二二）

㈥罷節度使歸環衛官：靖康元年四月，節度使范訥丐歸環衛，御史中丞陳過庭因言：自崇寧以來，建旄鉞者多不由勳績，請遵藝祖開寶初罷諸節度使歸環衛故事。於是節度使錢景臻等並為左右金吾衛上將軍。（註二三）

㈦立台諫親擢之制：靖康元年四月，詔台諫者天子耳目之臣，宰執不當荐舉，當出親擢，立為定

制。（註二四）

㈧立進納補官新法：靖康元年六月，立進納補官爲三等：七千貫承節郎，五千五百貫承信郎，（以上爲武臣）六千貫迪功郎（文臣），其官告文臣作上書可採，武臣作效用盡心，並理選限，依官戶法，而不依進納法。（註二五）

㈨增重知縣資歷：自政和以來，太平盛時，人皆重內輕外，士大夫皆輕縣令之選。爲革此弊，宣和五年，詔縣令只差六十以下人。靖康元年七月，詔三省申明舊制，凡初改官未曾實歷知縣者，不許別除差遣。（註二六）

㈩革宗室參選之制：昔日宗室未有參選之法，神宗時，始選擇差注一二。崇寧初，立法大優，宗室參選之日在本部名次之上，既壓年月深遠勞效顯著之人，復著名州大縣優便豐厚之處。靖康元年八月，臣僚以爲言，乃革宗室參選之制，不注郡守、縣令，與在部人通理名次。（註二七）

第三節　官制改革之檢討

吾人對欽宗朝官制改革之檢討分兩個項目：一是檢討官制改革對實際政治之影響，二是檢討官制改革與祖宗舊制，元豐官制間之關係，以下即分別探討之。

一、官制改革對實際政治之影響：吾人以爲欽宗朝官制改革於實際政治影響不大，其理由有三：

其一，欽宗享國極其短暫，而改制工作始於靖康元年正月，終於該年九月，在如是有限光陰中，官制改革的幅度既不大，其影響自然有限。其二，官制改革措施爲相反的措施所抹煞者不乏其例。如東、西上閤門、客省、引進、四方館改歸御史台監察，當在加强朝廷紀綱之維繫，然未久即改歸中書省監察，成爲御史行使職權的化外之地。又如宣和末節度使凡六十人，議者以爲濫。靖康時因御史中丞陳過庭言，九人換授。時梁師成、朱勔、梁方平已罪死，而宗室以覃恩建節者十四人，將帥特拜者二人，凡六十四人，比之宣和末猶多四人。（註二八）其三，兵馬倥傯之際，社稷危在旦夕之間，政令能貫澈者恐少之又少。欽宗朝官制改革本以救亡圖存爲宗旨，然由於上述三個原因，於實際政治之影響既小，自然鮮有助於此項宗旨之達成。

二、官制改革與祖宗舊制、元豐官制間之關係：依據吾人之研究，欽宗朝官制改革之內容，大多屬於恢復祖宗舊制與元豐官制，少數則不具有此種性質。所以如此者，蓋因救亡圖存始終是欽宗君臣的第一要務，只要某項措施有助於此，則該項措施是否爲祖宗舊制或元豐官制，甚且是否與二者相矛盾，似已無關緊要。此無他故，危急存亡之秋，事尙權宜，自無須爲成法所拘。總之，政治制度係時代環境之產物，時代環境已變，政治制度勢必隨之而有所更異。祖宗舊制，元豐官制誠然可貴，但僅憑二者已不足以挽救危亡，於是其他措施便應運而生了。

結語

吾人曾經指出，徽宗朝以「紹述」爲國事重心，大肆更革官制的結果，造成姦臣專權、宦官勢張、名器浮濫三項流弊，而其影響所及則是助長當時腐敗政治之形成。（註二九）欽宗繼位，爲救亡圖存計，力謀消除腐敗政治之根源，對於前朝官制改革的三項流弊，透過一連串措施（包括貶竄蔡京、童貫等人）加以改正。由於這些流弊本由官制改革而生，故官制改革即是欽宗所採取措施中極重要部分。然而七年之疾，求三年之艾，透過恢復祖宗舊制、元豐官制以及若干權宜措施之採行，或許能稍稍改善政治腐化之現象，卻於救亡圖存無明顯之功效。蓋朝代之興亡，所牽涉之因素極眾，全盤更新政治制度尚未必能收立竿見影之效，何況僅是小規模的改革而已。

【附註】

註　一：參閱宋．不著撰人，靖康要錄，景印文淵閣四庫全書，第三二九冊（台北：台灣商務印書館，（民國七十三年出版））,卷一，頁一一及卷二，頁一九—二○；宋．埴，皇宋十朝綱要，宋史資料萃編第一輯（台北：文海出版社，民國五十六年台初版），卷一九，頁四；宋．陳均，九朝編年備要，景印文淵閣四庫全書，第三二八冊，卷三○，頁二五。

註　二：參閱九朝編年備要，卷三〇，頁三七—八；靖康要錄，卷四，頁七—八、卷五，頁四二。

註　三：請參閱本書第三章，頁一一七—八。

註　四：參閱宋・李燾，續資治通鑑長編（台北：世界書局，民國七十二年四版），卷三二七，元豐五年六月乙卯條，頁七；元・馬端臨，文獻通考，十通第七種（台北：台灣商務印書館，民國七十六年台一版），卷五十八，職官考十二，樞密院，按語，考五二四。

註　五：參閱清・徐松輯，宋會要輯稿（台北：世界書局，民國六十六年再版），職官一，頁二三五二上；宋・呂中，類編皇朝大事記講義（台北：文海出版社，民國七十年出版），卷二十二，小人創御筆之令，頁一；元・脫脫等，宋史（台北：鼎文書局，民國六七年初版），卷四七二，姦臣傳，頁一三七二六。

註　六：靖康元年正月三日詔：「…凡詔敕有不經三省者，官司勿行，違者並以違制論。」十四日詔：「…自今除中書省畫旨，門下省審覆，尚書省奉行，樞密院專兵政外，一遵元豐官制，毋或侵紊。」十八日詔：「應批降處分，雖係御筆付出者，並依祖宗法作聖旨行下，常切遵守。」三月二日詔：「今後聖旨不經三省、樞密院者，諸司不許便行，即時並申中書省審奏，俟得旨，方許施行。」以上各詔見靖康要錄，卷一，頁一一、二五—七，卷三，頁一—三；並參閱宋會要輯稿，職官一，頁二三五二上。

註　七：參閱宋史，卷一六七，職官七，頁三九六二；宋會要輯稿，職官四一，頁三三三下—三四上；皇宋十朝綱要，卷一九，頁八。

註　八：參閱靖康要錄，卷一，頁一一；宋會要輯稿，職官二七，頁二九四九下；宋・徐夢莘，三朝北盟會編，景印文淵閣

註　九：參閱宋會要輯稿，職官一九，頁二八一六下。

四庫全書，第三五〇冊，卷二八，頁一。

註一〇：宋會要輯稿，職官一一，頁二六五五。

註一一：皇宋十朝綱要，卷一九，頁五、七。

註一二：參閱靖康要錄，卷五，頁四四；宋史，卷一六六，職官六，頁三九三七。

註一三：宋史，卷一六一，職官一，頁三七九二。詳細時間似未見記載，故暫列於本項之末。

註一四：參閱宋史，卷一六四，職官四，頁三八七二；卷三七八，胡舜陟傳，頁一一六六八—九；皇宋十朝綱要，卷一九，

頁六。

註一五：參閱靖康要錄，卷三，頁三〇；文獻通考，卷五三，職官七，監察侍御史，考四八八。

註一六：參閱宋會要輯稿，職官三五，頁三〇六五上；宋史，卷一六六，職官六，頁三九三六。

註一七：皇宋十朝綱要，卷一九，頁九。

註一八：參閱建炎以來朝野雜記，甲集，卷十，樞密參用文武，頁九；宋史，卷二三，欽宗紀，頁四二四。

註一九：參閱本書第三章，頁一〇二—七；宋會要輯稿，職官三六，頁三〇八二下。

註二〇：參閱宋史，卷一六六，職官六，頁三九四八。

註二一：宋史，卷二三，欽宗紀，頁四二七；並參閱同書，卷一七二，職官一二，頁四一三六。減太尉等奉錢時間不詳，暫

列於本項之後。

註二二：皇宋十朝綱要，卷一九，頁八；九朝編年備要，卷三〇，頁三八。

註二三：參閱宋會要輯稿，職官三三，頁三〇三六下—七上；宋史，卷三五三，陳過庭傳，頁一一一三九。

註二四：宋會要輯稿，職官五五，頁三六〇六。

註二五：參閱宋會要輯稿，職官五五，頁三六一九下—二〇上。

註二六：參閱文獻通考，卷六三，職官一七，縣令，考五七三；宋會要輯稿，職官一，頁二三五二下。

註二七：參閱宋・洪邁，容齋隨筆，景印文淵閣四庫全書，第八五一冊，三筆，卷一三，宗室參選，頁一三；宋史，卷一六三，職官三，頁三八三三。

註二八：建炎以來朝野雜記，甲集，卷一二，官制三，文臣節度使，頁五。原書謂總數六二人，與實際計算之數不符，故於文中逕予更正。

註二九：見本書第三章頁一一二—六、一二〇。

第五章　結　論—歷次官制改革之特徵、關係與影響

第一節　歷次官制改革之特徵

吾人發現北宋中期以後歷次官制改革（欽宗朝例外）實具有以下三項特徵：

一、**鬥爭性：**所謂鬥爭性是指歷次官制改革的重要原因之一爲臣僚爭奪權力。按爭奪權力本是古今中外政治人物行爲的主要動機，北宋中期以後歷次官制改革亦不例外，舉凡臣僚之主張、贊成、規劃改制者，無不夾雜、隱藏有爭奪權力之動機。元豐時，神宗有意改革官制，參知政事蔡確力贊之。隨後在規劃中書、門下、尚書三省制度之際，確力主「中書造命」之制，又說神宗以爲「三省長官位高，恐不須置，只以左僕射兼門下侍郎，右僕射兼中書侍郎，各主兩省事可也。」神宗納其說。迨及改制，宰相王珪改官左僕射兼門下侍郎是爲首相，確改官右僕射兼中書侍郎是爲次相。依神宗欽定規制「中書省取旨，門下省覆奏，尚書省施行」，政事一決於確，珪拱手而已。蓋確早存傾珪權力之心，故藉改制以遂其謀。神宗崩逝，哲宗繼位，高太皇太后聽政，確已升任首相。時一班元老舊臣紛紛進用，呂公著以尚書左丞被召，未及受命即建議「三省共同取旨」，所爭者實即一己議政之權

力。確又恐權力去己，從而附和之，於是「三省共同取旨」成爲定制，開元祐更制的先河。及高太皇太后駕崩，哲宗親政，若干失意於元祐時代的官僚，力陳「子改父政」之非是，倡言「紹述」。哲宗爲其說所動，既復元豐制度，又追究元祐大臣擅自變更之罪，於是宰臣呂大防以下相繼譴罷，而由章惇等人取而代之。是則紹聖臣僚「託言紹神宗之政，蓋去君子者其本志，而『紹述』者其名也。」哲宗崩殂，徽宗繼統，雖樹「建中靖國」之號，然於熙豐政事實心嚮往之，故未幾即改元崇寧，亦步哲宗「紹述」之後塵。蔡京本人於新、舊政策、制度原無定見，然於權力極度熱中，爲達執政之目的，刻意將一己塑造成「紹述」之唯一襄助者。在其黨羽鄧洵武的大力推薦下，徽宗遂拜蔡京爲右僕射兼中書侍郎。從此之後，蔡京凡所措置皆以「紹述」爲言，在政制方面，多所更張，究其用心無非藉改制之手段，以遂壟斷權力之目的。如設殿中省，廢內侍寄資法，更內侍官、階名稱，爲的是取媚宦豎；普設縣丞，增置貼職，創設三衛郎與武階名稱，爲的是市恩文武官吏；凡此二者皆所以穩固其權力基礎。政和二年，蔡京以太師再任宰執，時何執中任左僕射兼門下侍郎，京爲逞專權之欲，仿三代之制，改三師：太師、太傅、太保爲三公，爲眞相之任，京遂以太師任「公相」，總三省之事，成爲宰相之上的貴官。總之，蔡京能於徽宗朝執政十餘年，樹「紹述」之大纛，運用官制改革之機會，以謀自身權力的穩固與擴充，當爲一重要原因。綜上所述，吾人可以清楚發現，自神宗以降歷次官制改革，臣僚爭奪權力始終爲推動改革的重要因素之一。

二、不完全性：所謂不完全性是指歷次官制改革不論是創立新制（元豐時期），恢復舊制（元祐時期），再復新制（紹聖、元符時期），擴大新制（徽宗之世），皆未造就一全然新顥或舊式的制度。元豐改制係趙宋立國以來政制最大的更革，雖以唐六典規制為倣傚對象，但樞密院制度之繼續維持，已足以說明元豐改制並未將政制百分之百地更新。元祐時期政制紛紛復舊，甚而將神宗為中央機構所欽定的規制：「中書省取旨，門下省覆奏，尙書省施行」一變而為「三省共同取旨」，無異舊時平章事、參知政事（宰、執）共同取旨之制再現。然而元豐官制「三省、六部、九寺、五監、秘書省、御史台」之基本架構既未曾稍加動搖，復舊的成果自然有限。紹聖、元符時代將元祐所更動之制度依元豐官制逐一復原，但是「三省共同取旨」規制維持不變，「紹述」之事顯然未竟全功。徽宗時代政制更革頗多，不僅將神宗當年所不及進行的工作一一完成，更創立了大量前所未見的新制度。值得注意者，「三省共同取旨」之制，自元祐時代創始以來，迄於徽宗之世始終未加更動。因此徽宗之「紹述」雖較哲宗所為者更進一步，整体而言，徽宗朝之政制仍非全然新顥。這種創新不能澈底更新，復舊又無法令舊制完整地再現的現象，原因固不止於一端，臣僚的權力野心當然是重要因素，君主對祖宗舊制的堅持（如神宗對於樞密院存廢的意見即是）亦具有決定性影響。

三、政策與政制一致性：北宋自神宗以降，國家政策與政制變更頻繁。不論是政策變更在先，政制變更在後；或政策與政制同時俱變；其方向總是一致的，亦即實施新政策（指王安石變法時所推行的種種「新法」），政制亦大幅更新或以新制為主；實施舊政策，政制亦以舊制為主。神宗即位後，對於政策與政制皆有革新之心，然革新政策尤具迫切性，於是重用王安石實施變法。在變法實施期間，為便於此一艱鉅工作之達成，政制已開始小規模的革新。迄熙寧末，變法工作已大体就緒，於是命館閣校唐六典以為來日改制之典範。元豐三年六月詔中書置局（詳定官制所）詳定官制，八月下詔肇新官制，省、台、寺、監領空名者一切罷去，而易之以階。九月，正官名。五年九月，詳定官制所罷局，元豐改制遂告一段落。迨神宗逝世，哲宗繼位，高太皇太后聽政，司馬光、呂公著、文彥博等舊黨獲得重用，於是「新法」首先遭到變更，隨後「元豐官制」亦多由舊制取而代之。及高太皇太后駕崩，哲宗親政，「紹述」之事大興，新法先一步紛紛復行，「元豐官制」則隨之一一還原。徽宗朝政策變更較少，政制變更較多，二者先後之別並不明顯，而其方向仍是一致的，即以熙寧新法、元豐新制為圭臬。這種政策與政制始終保持一致方向的現象，主要是由於政策與政制雖非同一事物，其所植基之精神卻是相同的。是故時尚維新，則政策、政制一体翻新或以新為主。反之時尚守舊，則政策與政制必然是以舊為宗。

第二節　歷次官制改革之關係：一個圖示

自神宗以降，以迄欽宗之世，官制凡經五次變革，這五次變革之間到底具有何種關係？是一個值得探討的問題。依據吾人之研究，發現這五次變革之間具有相當密切之關係，這種關係可以下圖表明之：

圖三：北宋中期以後歷次官制改革關係圖

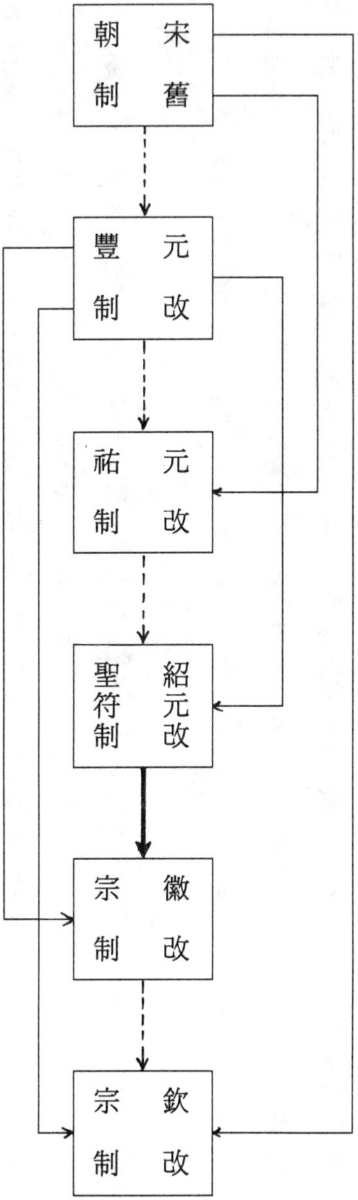

說明：1.⇣代表反動，**↓**代表擴大，↓代表恢復。
2.「宋朝舊制」指神宗朝以前的制度。

由上圖可知歷次官制改革之間實具有反動、擴大及恢復三種關係。所謂反動，意謂後一時期之改革係由於不滿前一時期之制度而產生。所謂擴大，意謂後一時期之改革係延續前一時期之精神而在範圍上更進一步。所謂恢復，意謂後一時期之改革係以重現前一時期之制度爲基本特徵。顯而易見，元豐改制在歷次官制改革中居於關鍵地位，蓋元豐官制不僅是元祐改制反動的對象，亦是紹聖、元符，徽宗，欽宗三時代改制的恢復與擴大之對象。因此，無元豐改制，往後之歷次改制能否發生，似不無疑問。

第三節　歷次官制改革之影響

吾人曾各別探討歷次官制改革之影響如前。於此，吾人企圖將歷次官制改革合而觀之，以分析整個官制改革活動的影響。大体而言，歷次官制改革的影響有以下四項：

一、**消除職官名實不符現象**：宋承五代之弊，官、職、差遣離而為三，以官寓祿秩、敘位著，以職待文學之選，以差遣治內外之事。若將官與差遣相比，官為名，差遣為實。舊制之弊在於有名者無其實，有實者無其名，如諫議大夫無言責，起居舍人（或他官）知諫院者反以補闕拾遺為職業。神宗改革官制，既以階易官，盡罷往昔之虛名，又修省、台、寺、監法，以正官代替前日一切差遣名目。於是有名者遂有其實，朝廷因其名而責其事，依其階而制其祿。唯元豐寄祿格以階易官，猶有選人未及革正，仍以幕職、令錄為階官，以差遣為實職。如有以河中府司錄參軍而監楚州鹽場者，淆亂紛錯，不勝枚舉。至徽宗崇寧二年九月，立選人改換寄祿官辦法。從此之後，趙宋職官名實混淆之現象始克消除。

二、**造成行政效率低落**：元豐官制以六部統率寺監，雖是劃時代的創舉，然而自此以往行政機關層級加多，一方面公文往來較往常花費更多時間，另一方遇事彼此相互推卸責任，造成行政效率的低落。此一流弊本由元豐官制所造成，然而元祐改制透過復舊與創新兩途徑來矯正元豐官制的各項流弊，獨於此不能有所改善。往後「紹述」之論大興，哲、徽二帝繼述「神考」制度未暇，自不可能考慮此一問題。欽宗即位，政制更革主要基於救亡圖存之需要，行政效率低落的問題與此需要關係不大，始終未引起臣僚的注意。

三、影響政治穩定：官制改革所以影響政治之穩定，原因在於官制改革引發執政者更迭頻仍。詳言之，對舊制懷抱好感且對元豐官制持批判態度者得勢，展開舊制的恢復行動，則對元豐官制持肯定態度或參與設計者便難安其位。反之，對元豐官制持肯定態度或參與設計者得勢，展開元豐官制的恢復行動，則對舊制懷抱好感且對元豐官制持批判態度者便因擅自變更元豐制度得罪而去職。此一現象特見之於哲宗時期。從元豐八年五月到元祐二年四月，兩年之間執政者更異凡十二人（新任七人，去職五人），屬於前述第一種情況。從紹聖元年二月到六月，四個月的時間執政者更異凡九人（新任五人，去職四人），屬於前述第二種情況。執政者在短時間內更異頻仍，自然影響政治之穩定。

四、導致政治腐化現象：哲宗紹聖以後，徽宗崇寧以降，「紹述」儼然成爲國事的重心，政策則專主熙寧新法，政制則唯元豐新制馬首是瞻。究其實，一如徽宗時安燾所述：「紹聖、元符以來，用事者持『紹述』之虛名以誑惑君父，上則欲固位而快私讎，下則欲希進而肆朋附。」紹聖、元符時代章惇諸人託言「紹述」以排擠君子，朝中善類鮮有倖免者。崇寧以後，蔡京藉「紹述」以竊執政之位，利用官制改革以穩固、擴充與壟斷權力，執政十餘年。値得注意者，徽宗朝之官制改革不僅予蔡京個人長期執政之憑藉外，更造成宦官勢張、名器浮濫等流弊。是則北宋晚期政治腐化現象之發生，官制改革應爲一重要因素。欽宗朝爲救亡圖存，大力消除政治腐化的現象，除了罷黜蔡京、童貫等人外，更從官制改革入手。受到客觀因素（大敵當前、享國短暫）之影響，欽宗君臣之努力不唯無法清除政治腐化的現象，更無助於國祚之延長。終至二帝北狩，宗廟淪亡。政治制度之更革關乎國家治亂興衰，似非妄言。

參考書目

一、書籍

周・韓非，韓非子，景印文淵閣四庫全書（以下簡稱四庫全書），第七二九冊，台北：台灣商務印書館，（民國七十二年出版）。

唐・令狐德棻等，周書，台北：鼎文書局，民國六十七年再版。

唐・杜佑，通典，十通第一種，台北：台灣商務印書館，民國七十六年台一版。

唐・張九齡等撰，李林甫等注，唐六典，四庫全書，第五九五冊。

唐・魏徵等，隋書，台北：鼎文書局，民國六十八年二版。

宋・不著編人，宋大詔令集，台北：鼎文書局，民國六十一年初版。

宋・不著撰人，（據考證爲汪藻所編），靖康要錄，四庫全書，第三二九冊。

宋・不著撰人，翰苑新書，四庫全書，第九四九冊。

宋・王應麟，玉海，四庫全書，第九四六冊。

宋・司馬光，傳家集，四庫全書，第一〇九四冊。

宋・江少虞，宋朝事實類苑，台北：源流出版社，民國七十一年初版。
宋・李心傳，建炎以來朝野雜記，四庫全書，第六〇八冊。
宋・李攸，宋朝事實，四庫全書，第六〇八冊。
宋・李埴，皇宋十朝綱要，台北：文海出版社，民國五十六年。
宋・李燾，續資治通鑑長編，台北：世界書局，民國七十二年四版。
宋・呂中，類編皇朝大事記講義，台北：文海出版社，民國七十年。
宋・神宗敕撰，元豐官制不分卷，台北：文海出版社，民國七十年。
宋・洪邁，容齋隨筆五集，台北：大立出版社，民國七十年初版。
宋・徐自明，宋宰輔編年錄，台北：文海出版社，民國五十八年。
宋・徐夢莘，三朝北盟會編，四庫全書，第三五〇冊。
宋・孫逢吉，職官分紀，四庫全書珍本初集，台北：台灣商務印書館，（民國五十八年）。
宋・章如愚編，群書考索，四庫全書，第九三七冊。
宋・陳均，九朝編年備要，四庫全書，第三二八冊。
宋・程俱，麟台故事，四庫全書，第五九五冊。
宋・彭百川，太平治蹟統類，四庫全書珍本五集，台北：台灣商務印書館，（民國六十三年）。
宋・葉夢得，石林燕語，四庫全書珍本別輯，台北：台灣商務印書館，（民國六十四年）。

宋・楊仲良，續資治通鑑長編紀事本末，台北：文海出版社，民國五十六年。
宋・趙升，朝野類要，筆記小說大觀二十一編，第五冊，台北：新興書局，民國六十七年。
宋・趙汝愚編，宋名臣奏議，四庫全書，第四三一冊。
宋・歐陽修、宋祁，新唐書，台北：鼎文書局，民國六十五年初版。
宋・謝維新，古今合璧事類備要，四庫全書，第九四〇冊。
元・馬端臨，文獻通考，十通第七種。
元・脫脫等，宋史，台北：鼎文書局，民國六十七年初版。
明・柯維騏，宋史新編，香港：龍門書局，一九七三年。
明・陳邦瞻，宋史紀事本末，台北：三民書局，民國六十二年。
清・王夫之，宋論，台北：世界書局，民國五十一年初版。
清・徐松輯，宋會要輯稿，台北：世界書局，民國六十六年再版。
清・畢沅，續資治通鑑，台北：世界書局，民國六十三年再版。
清・嵇璜、曹仁虎等，續通志，四庫全書，第三九四冊。
清・趙翼，二十二史劄記，台北：台灣中華書局，民國五十五年台一版。
清・錢大昕，潛研堂集，四部叢刊正編，第八九冊，台北：台灣商務印書館，民國六十八年台一版。
大陸雜誌社編，宋遼金元史研究論集，大陸雜誌史學叢書，第三輯第三冊、第四輯第四冊，台北：大陸雜誌社，民國五十九、六十四年初版。
方豪，宋史，台北：華岡出版有限公司，民國六十八年新一版。
王德毅，宋史研究論集，人人文庫，台北：台灣商務印書館，民國五十七年初版。
王德毅，宋史研究論集第二輯，台北：鼎文書局，民國六十一年初版。
衣川强著，鄭樑生譯，宋代文官俸給制度，人人文庫，民國六十六年初版。
宋史提要編纂協力會編，宋代研究文獻提要，日本東京：東洋文庫，一九六一年。
宋晞編，宋史研究論文與書籍目錄，台北：中國文化大學出版部，民國七十二年增訂本。
杜維運，史學方法論，台北：華世出版社，民國七十年四版。
李俊，中國宰相制度，台北：台灣商務印書館，民國五十五年台一版。
佐伯富編，宋史職官志索引，日本京都：京都大學東洋史研究會，一九六三年。
金毓黻，宋遼金史，台北：台灣商務印書館，民國七十一年台二版。
昌彼得等編，宋人傳記資料索引，六冊，台北：鼎文書局，民國六十一年初版。
陳寅（恪），隋唐制度淵源略論稿，人人文庫，民國六十四年台四版。
曾繁康，中國政治制度史，台北：華岡出版有限公司，民國六十五年再版。
楊樹藩，中國文官制度史，著者自印，民國六十五年初版。
楊樹藩，宋代中央政治制度，岫廬文庫，台北：台灣商務印書館，民國六十六年初版。

遲景德，北宋宰相制度之研究，國立政治大學政治研究所未刊博士論文，民國六十二年。

劉子健，兩宋史研究彙編，台北：聯經出版事業公司，民國七十六年。

薩孟武，中國社會政治史，第三、四冊，台北：三民書局，民國六十四年初版。

羅志淵主編，雲五社會科學大辭典，第三冊，政治學，台北：台灣商務印書館，民國六十年初版。

嚴耕望，治史經驗談，岫廬文庫，民國七十年二版。

Kracke, E.A.Jr. *Civil Service in Early Sung China: 960-1067.* Harvard-Yenching Institute Monographs,13. Second Printing. Cambridge: Harvard University Press, 1968.

Liu, James T.C. *Reform in Sung China: Wang An-shih (1021-1086) and his New Policies.* Cambridge: Harvard University Press, 1959.

二、論文

方豪，「宋代之官制」，民主評論第五卷第四期，台北：民主評論雜誌社出版，民國四十三年二月：頁二九—三二。

方豪，「王安石之變法與黨爭」，民主評論第五卷第十二期，台北：民主評論雜誌社出版，民國四十三年六月：頁五—十、三十。

辰伯，「宋官制雜釋」，宋遼金元史論集，香港：崇文書局印行，一九七七年：頁一五九—六四。
林瑞翰，「宋代官制探微」，宋史研究集第九輯，台北：中華叢書編審委員會，民國六十六年五月：頁一九九—二六七。
金毓黻，「宋代官制與行政制度」，宋遼金元史論集，香港：崇文書局印行，一九七七年：頁一六五—一八七。
孫國棟：「宋代官制紊亂在唐制的根源—宋史職官志述宋代亂制根源辨」，中國學人第一期，香港：新亞研究所出版，民國五十九年三月：頁四一—五四。
張復華，「宋神宗元豐改制之研究」，中央研究院三民主義研究所專題選刊第八十四本，台北：中央研究院三民主義研究所，民國七十七年十月：頁一—五三。
張復華，「宋哲宗朝官制改革之研究」，國立政治大學學報第六十一期，台北：國立政治大學，民國七十九年六月：頁二七五—二九七。
張復華，「宋徽宗朝官制改革之研究」，人文及社會科學集刊第三卷第一期，台北：中央研究院中山人文社會科學研究所，民國七十九年十一月：頁八一—一〇六。
曾資生，「宋元豐官制改革的前後趨勢」，和平日報，民國三十六年五月十五日，第六版。
楊樹藩，「宋代宰相制度」，國立政治大學學報第十期，台北：國立政治大學，民國五十三年十二月：頁二三三—五七。

鄧廣銘，「熙寧時代的編修中書條例所」，申報，民國三十七年三月二十日，第八版。
鄧廣銘，「宋史職官志考正」，中央研究院歷史語言研究所集刊第十本，台北：維新書局，民國六十年一月再版：頁四三三—五九三。
鄭壽彭，「宋代三司之研究（上、中、下）」，現代學苑十卷八、九、十期，台北：現代學苑月刊社出版，民國六十二年八、九、十月：頁一一—一六，三三—三六，二八—三四。
嚴復，「嚴幾道與熊純如書札節鈔」，學衡第十三期，台北：台灣學生書局，民國六十年影印出版：頁一七七九—九一。

附錄一　宋神宗官制改革大事記

治平四年六月，詔令中書、樞密院應細務合歸有司者逐旋條陳取旨。

熙寧初，以嘉慶院爲將作監，其官屬職事，稽用舊典。

二年二月二十七日，置制置三司條例司，以理天下之財。九月十六日，置看詳編修中書條例所（後稱編修中書條例司），以清中書之務。

三年五月十五日，罷制置三司條例司歸中書。二十八日，置審官西院，代樞密院掌武臣陞朝官以上之磨勘、差遣。同月，以常平新法付司農寺，而農田水利、免役、保甲等法，悉自司農講行。九月一日，中書置檢正官，以糾正省務。

六年六月二十七日，置軍器監。

八年九月十七日，詔以諸路敎閱保甲隸兵部，罷諸州軍提舉官。十月二十二日，罷編修中書條例司。

熙寧末，命館閣校唐六典。

元豐元年十二月十八日，置大理寺獄。

三年六月十五日，詔中書置局（詳定官制所）詳定官制。二十一日，詔罷中書門下省主判官，歸其事於中書。八月九日，詔審刑院併歸刑部。十四日，詔吏部流內銓自今稱尚書吏部。十五日，下詔肇新官制，省、台、寺、監領空名者一切罷去，而易之以階。九月十六日，正官名。以開府儀同三司易中書令、侍中、同平章事，特進易左右僕射，自是以下至承務郎易秘書省校書郎、正字、將作監主簿有差。十七日，罷散階、憲銜及僕射以下檢校官。二十四日，宰執依新制正官名。

四年八月一日，詔中書自今堂選並歸有司。十月二十七日，詔自今除授職事官並以寄祿官品高下爲法，凡高一品以上者爲行，下一品者爲守，下二品以下者爲試，品同者不用行守試。十一月十七日，罷宣徽使。二十二日，樞密院置知院、同知院，餘悉罷。

五年二月一日，頒三省、樞密、六曹條制。四月二十二日，官制（省、台、寺、監法）成，改平章事爲左、右僕射，以王珪、蔡確爲之，仍兼門下、中書侍郎。二十三日，改參知政事爲門下、中書侍郎，以章惇、張璪爲之，置左、右丞以蒲宗孟、王安禮爲之。詔自今更不除館職，見帶館職人依舊；如除職事官，校理以上轉一官，校勘減磨勘三年，校書減二年，並罷所帶職。五月一日，行官制。十三日，作尚書省。六月五日，詔自今事不以大小並中書省取旨，門下省覆奏，尚書省施行，三省同得旨事更不帶三省字行出。九月二十三日，詳定官制所罷局。

六年十月二十八日，尚書省成。十一月十九日，幸尚書省。

附錄二　元豐改制前、後機關及屬官名稱、職掌對照表

改制前機關名	改制後機關名	改制前屬官名	改制後屬官名	改制前職掌	改制後職掌	資料來源
中書門下	三省	同平章事	左、右僕射		左僕射兼門下侍郎以行侍中之職。右僕射兼中書侍郎以行中書令之職。	宋會要輯稿，職官一之一六

	參知政事	門下、中書侍郎，尚書左、右丞		
門下省	判省事		主乘輿八寶，朝會板位，流外考較，諸司附奏挾名。	受天下之成事，審命令，駁正違失，受發通進奏狀，進請寶印。
		侍中	爲所遷官，實不任職。	掌佐天子議大政，審中外出納之事（虛不除人）。

門下後省			
侍郎	爲宰相兼官。	掌貳侍中之職，省中外出納之事。	宋會要輯稿，職官二之三
左散騎常侍	爲所遷官，實不任職。	規諫諷諭（虛不除人）。	宋會要輯稿，職官一之七八
左諫議大夫	同右	規諫諷諭。	
左司諫	規諫諷諭，亦有領他職不預諫諍者。	同右	

左正言	同右	同右
給事中	爲所遷官，實不任職。	讀中外出納，及判後省之事。
起居郎	同右	記天子言動。
中書省		
判省事	掌冊文、覆奏、考帳。	進擬庶務，宣奉命令，行台諫章疏、群臣奏請興創改革，及中外無法式事應取旨事。
中書令	爲所遷官，實不	佐天子議大政，

				任職。	授所行命令而宣之（虛不除人）。	
			侍郎	爲宰相兼官。	貳令之職，參議大政，授所宣詔旨而奉之。	宋會要輯稿，職官二之三
	中書後省		右散騎常侍	爲所遷官，實不任職。	規諫諷諭（虛不除人）。	宋會要輯稿，職官一之七八
			右諫議大夫	同右	規諫諷諭。	
			右司諫	規諫諷諭，亦有	同右	

		領他職不預諫諍者。		
	右正言	同右	同右	
	中書舍人	爲所遷官，實不任職。	掌行命令爲制詞，分治六房而判後省之事。	
	起居舍人	同右	記天子言動。	
檢正、都檢正		糾正省務。	罷之，其職歸左右司、給事中、中書舍人。	宋會要輯稿，職官三之四六

諫院		知諫院		規諫諷諭。	罷之，其職歸諫議大夫、司諫、正言。	
（樞密院）銀台司封駁房		知通進銀台司兼門下封駁事		封駁詔旨。	罷之，其職歸給事中。	宋會要輯稿，職官二之二六、四〇
起居院		修、同修起居注		記天子言動。	罷之，其職歸起居郎、舍人。	
舍人院		知制誥		主行詞命。	罷之，其職歸中	

		、直舍人院			書舍人。	
尚書都省		判省事		總轄二十四司及集議定謚，文武官封贈，注甲發付選人，出雪投狀之事。	施行制命，舉省內綱紀程式，受付六曹文書，聽內外辭訴，奏御史失職，考百官庶府之治否，以詔廢置、賞罰。	宋會要輯稿，職官四之四
			尚書令	爲所遷官，實不任職。	佐天子議大政，奉所出命令而行之（虛不除人）。	

			左、右僕射	同右	佐天子議大政，貳令之職，與三省長官皆爲宰相之任。
			左、右丞	同右	參議大政，通治省事，以貳令、僕之職。
			左、右司郎中、員外郎	同右	掌受付六曹之事，而舉正文書之稽失，分治省事：左司治吏、戶、禮、奏鈔、班

					簿房，右司治兵、刑、工、案鈔房，而開拆、制敕、御史、催驅、封樁、印房，則通治之，有稽滯，則以期限舉催。	以上見宋史，卷一六一
樞密院		樞密使、知院事 樞密副使、同	知院事 同知院事	與中書對持文武二柄，號爲「二府」，而職事條目頗多。	細務分隸六曹，專以兵機軍政爲職，而契丹國信、民兵、牧馬猶總領焉，大事與三省同議進呈畫	文獻通考，卷五十八

		知院事、簽書、同簽書院事			旨，小事獨取旨。	
		檢詳		糾正院務。	罷之。	
		直學士			不隸樞密院。	宋會要輯稿，職官七之二
宣徽院				總領內諸司及三班內侍之籍，郊祀、朝會、宴饗供帳之儀，應內外進奉，悉檢視	罷之，以職事分隸省寺。	

				其名物。		
三司		使、副使、判官、鹽鐵、度支、戶部使、副使、判官		總國計，應四方貢賦之入皆歸之，通管鹽鐵、度支、戶部。	罷之，並歸戶部	
翰林學士院		翰林侍讀、侍講學士	侍讀、侍講（以爲兼官）			以上見宋史，卷一六二

吏部		判部事		掌京朝官敘服章、申請攝官、訃吊祠祭，及幕府州縣官格式、闕簿、辭謝，拔萃舉人兼南曹甲庫之事。	掌文武官吏選試、擬注、資任、遷敘、蔭補、考課之政令，封爵、策勳、賞罰、殿最之法。	
司封		判司事		凡封爵之制一出於中書，本司但掌定謚先期戒本部赴集而已。		宋會要輯稿，職官九之三
司勳		判司事		凡勳官之賜一出		宋會要輯稿，職

	考功	流內銓
		侍郎左選
	判司事	判流內銓事
於中書，本司無所掌。	凡考課之法分隸他司，或以他司專領，本司但掌覆太常擬謚及幕府州縣官流外較考之事。	掌節度判官以下州府判司、諸縣令佐擬注對揚、磨勘功過之事。
		自初仕至州縣幕職官。
官十之一	宋會要輯稿，職官十之廿	文獻通考，卷五十二

審官東院	尚書左選	知院事		掌考校京朝官殿最，敘其爵秩而詔於朝，分擬內外任使而奏之。	文臣寄祿官自朝議大夫，職事官自大理正以下，非中書省敕授者。	文獻通考，卷五十二
三班院	侍郎右選	勾當三班院		掌置籍以總使臣之名，均其出使釐務，定其任使遠近之等級，及考其殿最而上于朝，凡借職以上至供奉皆隸焉。	自借差監當至供奉官軍使。	宋會要輯稿，職官十一之五七；文獻通考，卷五十二
審官西院	尚書右選	知院事		掌閤門祇候以上諸司使磨勘、常	武臣陞朝官自皇城使，職事官自	宋會要輯稿，職官十一之五六；

	程差遣。	金吾衛仗司以下非樞密院宣授者。	文獻通考，卷五十二
尚書	爲所遷官，實不任職。	掌文武二選之法而奉行其制命。	
侍郎	同右	（二人）分掌侍郎左、右選事。	參閱宋會要輯稿，職官十一之五六—七
郎中、員外郎	同右	主管尚書左、右選及侍郎左、右選各一員，參掌選事而分治之。	

					凡郎官，並用知府資序人充，未及者爲員外郎。
			司封郎中、員外郎	同右	掌官封、敘贈、承襲之事。
			司勳郎中、員外郎	同右	參掌勳賞之事。
			考功郎中、員外郎	同右	掌文武官選敘、磨勘、資任、考課之政令。

戶部		判部事		受天下上貢，元會陳于庭。	掌天下人戶、土地、錢穀之政令，貢賦、征役之事。	
度支		判司事		凡調度之費皆歸於三司，本司無所掌。		宋會要輯稿，職官十二之一
金部		判司事		凡庫藏出納之節、金寶財貨之用皆歸於三司，而權衡度量之制主於太府寺，本司		

倉部				無所掌。	
		判司事		凡倉庾受納租稅、出給祿廩之事皆歸於三司，而別置提點倉場官以督察之，本司無所掌。	
			尚書	爲所遷官，實不任職。	掌軍國用度，以周知其出入盈虛之數。
			侍郎	同右	凡四司所治之事爲尚書之貳（一

					人），掌右曹事（一人）。	
			郎中、員外郎	同右	（各二人）分掌左、右曹事。	
			度支郎中、員外郎	同右	參掌計度軍國之用，量貢賦稅租之入以爲出。	
			金部郎中、員外郎	同右	參掌天下給納之泉幣，計其歲之所輸，歸于受藏之府，以待邦國之用。勾考平準	

					、市舶、榷易、商稅、香茶、鹽礬之數，以周知其登耗，視歲額增虧而爲之賞罰
			倉部郎中、員外郎	同右	參掌國之倉庾儲積及其給受之事。
禮部		判部事		掌科舉，補奏太廟郊社齋郎、室長、掌坐，都省集議，百官謝賀章表，諸州申祥	掌國之禮樂、祭祀、朝會、宴饗、學校、貢舉之政令。

			瑞，出入內外牌印之事，並兼領貢院。		
祠部	判司事		掌祠祭畫日休假令，受諸州僧尼、道士、女冠、童行之籍，給剃度受戒文牒。		宋會要輯稿，職官十三之十六
膳部	判司事		凡供御之膳羞、內外饔餼隸御廚，以他官勾當，陵廟牲豆酒膳，諸司供奉口味，親		宋會要輯稿，職官一三之四二——三

				王以下常食料皆分領他司，無所掌。		
主客		判司事		凡諸蕃朝聘貢奉隸客省，本司無所掌。		宋會要輯稿，職官十三之四六
			尚書	爲所遷官，實不任職。	掌禮樂、祭祀、朝會、宴享、學校、貢舉之政令。	
			侍郎	同右	掌貳尚書之事。	

郎中、員外郎	同右	參領本部長貳之事。
祠部郎中、員外郎	同右	掌天下祀典、道釋、祠廟、醫藥之政令。
膳部郎中、員外郎	同右	掌牲牢、酒醴、膳羞之事。
主客郎中、員外郎	同右	掌以賓禮待四夷之朝貢。

太常禮院		判院、同判院		掌禮儀之事。	罷之，歸禮部。	參閱宋會要輯稿，職官二二之一八；宋史，卷一六四
兵部		判部事		掌三駕儀仗、鹵簿圖、春秋釋奠武成王廟及武舉，歲終以義軍、弓箭手戶數上于朝。	掌兵衛、儀仗、鹵簿、武舉、民兵、廂軍、土軍、蕃軍，四夷官封承襲之事，輿馬、器械之政，天下地土之圖。	
職方		判司事		掌受閏年圖經。		

駕部	判司事		無所掌。		宋會要輯稿，職官十四之廿
庫部	判司事		同右		
		尚書	爲所遷官，實不任職。	掌兵衛、武選、車輦、甲械、廄牧之政令。以天下郡縣之圖而周知其地域。	
		侍郎	同右	掌貳尚書之事。	
		郎中、員外郎	同右	參掌本部長貳之事。	
		職方郎	同右	掌天下圖籍，四	

			中、員外郎		夷歸附，則分隸諸州，度田屋錢糧之數以給之。	
			駕部郎中、員外郎	同右	掌輿輦、車馬、驛置、廄牧之事。	
			庫部郎中、員外郎	同右	掌鹵簿、儀仗、戎器、供帳之事，國之武庫隸焉	
刑部		判部事		主覆天下大辟已決公按，旬奏獄狀舉駁其不當者	掌刑法、獄訟、奏讞、赦宥、敘復之事。	宋會要輯稿，職官十五之一

詳覆案			
		，及官員犯罪除免經赦敘用、定奪、雪理、給牒。	
詳覆官		定奪公事，分覆 罷歸諸路提刑司旬奏獄狀（三人。）；專舉駁大辟公案（一人）。	

都官			
判司事		凡浮隸簿錄給衣糧、醫藥之事令分領於他司，本司無所掌。	
	宋會要輯稿，職官十五之四七		

比部		判司事		凡勾會內外賦斂、經費、出納、逋欠之政皆歸於三司勾院磨勘理欠司，本司無所掌。	
司門		判司事		凡門關之政令，曉昏啓閉、發鑰納鎖，令行於皇城司、道路津梁州縣，本司無所掌。	
			尚書	爲所遷官，實不	掌天下刑獄之政

	任職。	令，專領定奪、審覆、除雪、敘復、移放。	
侍　郎	同右	爲尚書之貳，與尚書通治制勘、體量、奏讞、糾察、錄問。	
郎中、員外郎	同右	各二人，分左右廳，左以詳覆，右以敘雪。	
都官郎中、員	同右	軍大將及徒隸名籍之事隸焉。	宋會要輯稿，職官十五之五

			外郎		
			比部郎中、員外郎	同右	鈎考帳籍及贓罰欠負之事隸焉。
			司門郎中、員外郎	同右	津梁、道路及國門幾察之事隸焉。
審刑院		知院事		掌詳讞大理所斷案牘而奏之。	罷歸刑部。
糾察在京刑獄		糾察官		凡在京刑禁，徒以上即時以報；	同右

司				若理有未盡或置淹恤，追覆其案，詳正而駁奏之。凡大辟，皆錄問。		
三司帳司		提舉官		掌勾覆中外帳籍。	歸比部。	
工部		判部事		凡城池、土木、工役皆隸三司修造案，本曹無所掌。	掌天下城郭、宮室、舟車、器械、符印、錢幣、山澤、苑囿、河渠之政令。	文獻通考，卷五十二

屯田		判司事		凡屯田之政令隸三司，本司無所掌。		宋會要輯稿，職官十六之二—三
虞部		判司事		凡虞衡之政令皆歸三司河渠案，後領于都水監，本司無所掌。		
水部		判司事		凡川瀆、陂池、溝洫、河渠之政，國朝初隸三司河渠案，後領於水監，本司無所掌。		

尚書	爲所遷官，實不任職。	掌百工水土之政令，稽其功緒以詔賞罰。
侍郎	同右	掌貳尚書之事。
郎中、員外郎	同右	凡制作、營繕、計置、採伐材物，按程式以授有司，則參掌之。
屯田員外郎	同右	掌屯田、營田、職田、學田、官莊之政令，及其

					租入、種刈、興修、給納之事。	
			虞部員外郎	同右	掌山澤、苑囿、場冶之事，辨其地產而爲之厲禁。	
			水部員外郎	同右	掌溝洫、津梁、舟楫、漕運之事。	以上見宋史，卷一六三
御史台		理檢使（中丞兼）		掌受文武官及士民章奏表疏。	實領其事而罷使名。	參閱宋史，卷一六一

知雜事（侍御史兼）		爲中丞之貳。	同右	宋會要輯稿，職官十七之一、三
左右巡使（殿中侍御史兼）		分糾不如法者，文官，右巡主之，武官，左巡主之；分其職掌，糾其違失，常參班簿、祿料、假告皆主之。	同右	
監祭使（監察		掌受誓戒致齋，檢視糾劾。	同右	

御史兼）			
廊下使（臨時充）		掌入閣監食。	同右
監香使（臨時充）		掌國忌行香。	同右
裏行		官卑而入殿中、監察御史者。	罷之
推直		專治獄事。	同右

		推勘		主外勘公事。	同右	宋朝事實類苑，卷二十五
		監察御史		掌糾繩內外百官姦慝，肅淸朝廷紀綱。	掌以吏、戶、禮、兵、刑、工之事分京百司而察其謬誤及監祠祭定謚。	宋會要輯稿，職官十七之一、三
秘書省	秘書省（以崇文院爲之）	判省事		掌常祭祀祝板。		宋會要輯稿，職官十八之一
			監、少監、丞	爲所遷官，實不任職。	監掌古今經籍圖書、國史、實錄	

					、天文曆數之事，少監爲之貳，而丞參領之。	
			秘書郎	同右	掌集賢院、史館、昭文館、秘閣圖籍。	
			校書郎、正字	同右	掌校讎典籍，判正訛謬。	
	國史案		著作郎、佐郎	同右	掌修纂日曆。	
昭文館		大學士		宋朝庶官之外，	罷之。	宋會要輯稿，職

	、學士、直學士	別加職名，所以厲行義、文學之士。高以備顧問；其次與論議，典校讎。		官七之二、十八之三、五十；宋史，卷一六二
集賢院	大學士、學士、直學士、修撰、直院、校理		同右	
史館	監修國史、修撰、直	掌修日曆，以時政記、起居注會集修撰爲一代之	同右	群書考索後集，卷十一；宋會要輯稿，職官十八

		館、檢討		典。		之三、五十
秘閣		判閣事（兼判秘書省）		掌邦國經籍圖書。	同右	宋會要輯稿，職官十八之一、二、三
		直閣、校理	直閣	通掌閣事，掌繕寫秘閣所藏。	以之爲貼職，皆不試而除，蓋特以爲恩數而已。	元豐官制不分卷，直秘閣
崇文院（昭文、集賢		檢討、校書		典校讎。	罷之	宋會要輯稿，職官十八之一、二、三、五十，並

史館、秘閣，皆在院中）	殿中省	
	判省事	
		監、少監、丞
	郊祀、元日、冬至天子御殿，及禘祫后廟、神主赴太廟，供具繖扇。	為所遷官，實不任職。
		郊祀、元日、冬至天子御殿，及禘祫后廟、神主赴太廟，供具繖
參閱宋史，卷一六二		

					扇。	
太常寺		判、同判寺事		掌社稷及武成王廟諸壇齋宮習樂之事，並兼禮院事。		宋會要輯稿，職官廿二之十七
			卿、少卿、丞	爲所遷官，實不任職。	卿掌禮樂、郊廟、社稷、壇壝、陵寢之事，少卿爲之貳，丞參領之。	
			博士	同右	掌講定五禮儀式，有改革則據經	

					審議。凡於法應謚者，考其行狀，撰定謚文。有祠事，則監視儀物，掌凡贊導之事。
太醫局		提舉官			改隸太常寺。
宗正寺		判寺事，闕則置知丞事（皆以宗姓充）		掌奉諸廟諸陵薦享之事，司皇族之籍。	

			卿、少卿（不專用國姓）、丞		卿掌敘宗派屬籍，以別昭穆而定其親疏，少卿爲之貳，丞參領之。	
大宗正司		判、知、同知大宗正事	知、同知大宗正事			
玉牒所		修玉牒官			改隸宗正寺。	

光祿寺		判寺事		掌供祠祭酒醴、果實、脯醢、醯醢、薪炭及點饌進胙。		宋會要輯稿，職官廿一之一
			卿、少卿、丞	為所遷官，實不任職。	卿掌祭祀、朝會、宴饗酒醴膳羞之事，修其儲備而謹其出納之政，少卿為之貳，丞參領之。	
衛尉寺		判寺事		凡武庫、武器並歸內庫及軍器庫，以它官及內寺		宋會要輯稿，職官廿二之一

				典領，守宮歸儀鸞司，本寺無所掌。	
			卿、少 卿、丞	爲所遷官，實不任職。	卿掌儀衛、兵械、甲胄之政令，少卿爲之貳，丞參領之。
太僕寺		判寺事		掌天子五輅、屬車，后妃、王公車輅，給大中小祀羊。	
			卿、少	爲所遷官，實不	卿掌車輅、廄牧

			卿、丞	任職。	之（政）令，少卿爲之貳，丞參領之。	
群牧司		制置使、副使，都監、判官。		掌內外廄牧之事，周知國馬之政，而察其登耗焉。	罷之，以職事歸太僕寺。	宋會要輯稿，職官廿三之十二
鞍轡庫		使、副使、監官		掌御馬金玉鞍勒，及給賜王公、群臣、外國使並國信轝轡之名物	併入太僕寺。	以上見宋史，卷一六四
大理寺		知卿事		掌治獄事。		

		、少卿				
			卿、少卿、正、推丞、斷丞、司直、評事	卿、丞、評事爲所遷官，實不任職。	卿掌折獄、詳刑、鞫讞之事。凡職務分左右：天下奏劾命官、將校及大辟囚以下以疑請讞者，隸左斷刑，則司直、評事詳斷，丞議之，正審之；若在京百司事當推治，或特旨委勘及係官之物應追究者，隸右	參閱文獻通考，卷五十六

	鴻臚寺
	判寺事
	掌祭祀、朝會前資致仕、蕃客進奉官、僧道耆壽陪位，享拜周六廟三陵，公主妃主以下喪葬差官監護，給其所用鹵簿，文武官薨卒賻贈之事。
治獄，則丞專推鞫。蓋少卿分領其事，而卿總焉。	
	宋會要輯稿，職官廿五之一

	司農寺
	判、同判寺事
卿、少卿、丞	
爲所遷官，實不任職。	掌供籍田九種，大中小祀供豕及蔬果、明房油，與平糶、利農之事。
卿掌四夷朝貢、宴勞、給賜、送迎之事，及國之凶儀、中都祠廟、道釋籍帳除附之禁令，少卿爲之貳，丞參領之。	

	太府寺	
	判、同判寺事	
卿、少卿、丞		卿、少卿、丞
為所遷官，實不任職。	掌供祠祭香幣、帨巾、神席、及校造斗升衡尺。	為所遷官，實不任職。
卿掌倉儲委積之政令，總苑囿庫務之事，而謹其出納，少卿為之貳，丞參領之。		卿掌邦國財貨之政令，及庫藏、出納、商稅、平準、貿易之事，少卿為之貳，丞

					參領之。
國子監		祭酒闕，始置判監事	祭酒、司業	凡監事皆總之。	祭酒掌國子、太學、武學、律學、小學之政令，司業爲之貳。
		丞	丞	掌錢穀出納之事	參領監事
		武學教授	武學博士		
少府監		判監事		掌造門戟、神衣、旌節，郊廟諸壇祭玉、法物，	

				鑄牌印朱記，百官拜表案、褥之事。凡祭祀，則供祭器、爵、瓚、照燭。		
			監、少 監、丞	為所遷官，實不任職。	監掌百官伎巧之政令，少監為之貳，丞參領之。	
將作監		判、同判監事		統修造之政。		參閱古今合璧事類備要，後集，卷卅八
			監、少	為所遷官，實不	監掌宮室、城郭	

			監、丞	任職。	、橋梁、舟車營繕之事，少監爲之貳，丞參領之
軍器監		判監事		掌戎器之職。	
			監、少監、丞	似未除此官。	監掌監督繕治兵器什物，以給軍國之用，少監爲之貳，丞參領之
都水監		判、同判監事		治河埽之事。	
			使者、	爲所遷官，實不	使者掌中外川澤

			丞	任職。	、河渠、津梁、堤堰疏鑿浚治之事，丞參領之。	
司天監	秘書省太史局	監、少監闕則置判監事	判、同判局事			宋會要輯稿，職官三一之三以上見宋史，卷一六五

說明

一、凡改制後機關名稱不變者，僅載改制前機關名稱。

二、凡一機關或職官改制後職掌不變者，其改制前、後職掌從略。

三、凡一機關或職官改制後撤罷者，載其改制前職掌。

四、所謂「爲所遷官，實不任職」爲最普遍之現象，實際上恐有極少數之例外，亦可能未除此官。

五、樞密院改制前所領細務之內容，未見相關之資料。

六、戶部侍郎、郎中、員外郎職掌中所謂左、右曹，據宋史，卷一六三，職官三：「以版籍考戶口之登耗，以稅賦持軍國之歲計，以土貢辨郡縣之物宜，以征榷抑兼幷而佐調度，以孝義婚姻繼嗣之道和人心，以田務券責之理直民訟，凡此歸於左曹。以常平之法平豐凶、時斂散，以免役之法通貧富、均財力，以伍保之法聯比閭、察盜賊，以義倉振濟之法救饑饉、恤艱阨，以農田水利之政治荒廢、務稼穡，以坊場河渡之課酬勤勞、省科率，凡此歸於右曹。」

七、本表主要是依據宋史職官志編製，凡資料出於同一卷者，不一一註明，僅於該卷最後一項資料下，註明卷數。至於其他資料來源，則在該項資料下，註明出處。

八、爲節省篇幅，宋會要輯稿資料之註法與本文附註之註法稍有不同。